ISBN 978-0-259-23098-4
PIBN 10681246

1 MONTH OF
FREE
READING

at

www.ForgottenBooks.com

By purchasing this book you are eligible for one month membership to ForgottenBooks.com, giving you unlimited access to our entire collection of over 1,000,000 titles via our web site and mobile apps.

To claim your free month visit:
www.forgottenbooks.com/free681246

L'ALIMENTATION

DE LA FRANCE

ET

LES RESSOURCES COLONIALES OU ÉTRANGÈRES

PRINCIPAUX OUVRAGES DE L'AUTEUR

L'ALIMENTATION

DE LA FRANCE

ET

LES RESSOURCES COLONIALES OU ÉTRANGÈRES

PAR

DANIEL BELLET

Lauréat de l'Institut,
Secrétaire perpétuel de la Société d'Économie politique,
Professeur à l'École libre des Sciences politiques
et à l'École des Hautes Études commerciales.

PARIS

LIBRAIRIE FÉLIX ALCAN

108, BOULEVARD SAINT-GERMAIN, 108

—

1917

L'ALIMENTATION DE LA FRANCE

ET

LES RESSOURCES COLONIALES OU ÉTRANGÈRES

CHAPITRE PREMIER

LA QUESTION ALIMENTAIRE ET LES BESOINS

Les questions d'alimentation, pour être par beaucoup de côtés des questions médicales et hygiéniques, n'en sont pas moins au premier chef des questions économiques. Toute question d'hygiène est en effet une question économique, puisque d'abord il s'agit d'économiser les vies humaines, en mettant l'être humain mieux à même de résister à la nature extérieure hostile ; puisqu'il s'agit, suivant un des mots si justes, si heureux de Gustave de Molinari, d'assurer à l'homme la conservation de ses forces vitales et même leur accroissement, autant que son organisme est encore dans une période où cet accroissement peut se faire.

Assurer une bonne alimentation à l'ensemble des humains, c'est contribuer à réaliser les conditions dans lesquelles chacun pourra fournir précisément à son organisme, en qualité et en quantité, tout ce qu'il faut pour maintenir la « flamme vitale ». Il ne saurait être perdu de vue, ici moins que partout ailleurs, qu'à la base des phénomènes et des questions économiques, sont les besoins matériels de l'homme ; dont l'économie politique enseigne précisément à permettre la satisfaction aussi complète que possible, avec le minimum d'effort. Il importe donc tout à la fois, pour éviter le sacrifice de vies humaines insuffisamment alimentées, de donner la possibilité aux êtres humains de se procurer largement toutes les matières alimentaires, en même temps que de savoir les utiliser au mieux pour l'entretien de ce que l'on a appelé volontiers et un peu inexactement la machine humaine. Il y a maintien ou création de richesses par l'amélioration de la condition physique des êtres humains.

L'humble manuel de cuisine, tout comme le traité d'hygiène le plus savant, s'occupe de cette question de l'alimentation, au point de vue plus spécial de la meilleure utilisation des matières alimentaires. L'économiste l'envisage en recherchant les moyens, les conditions grâce auxquelles les aliments seront fournis à l'*homme économique* en aussi grande abondance que cela se peut.

C'est naturellement de ce côté de la question que

nous prétendons nous occuper. Il nous semble spécialement intéressant, à la fois par les obstacles que trop souvent diverses interventions mettent à cette diffusion de la matière alimentaire dans tous les milieux et dans tous les pays ; et aussi par suite de ce fait que trop souvent, dans un pays donné, on ignore les ressources que l'on peut demander à cet égard aux pays étrangers ou à certaines régions du pays. Tout au moins l'on fait comme si on ignorait ces ressources possibles.

Le domaine est en fait immense, dans lequel on peut se procurer des ressources alimentaires. Mais il n'aurait pas fallu songer pratiquement à y avoir recours comme maintenant, il y a seulement quarante ou cinquante ans ; alors que l'on ne possédait pas de procédés de transport rapide ni de conservation pratique, et relativement peu coûteux, des denrées alimentaires. Elles présentent en effet, pour la plupart, le caractère d'être essentiellement *périssables ;* et le recours à ces ressources coloniales ou étrangères auquel fait précisément allusion notre titre eut été impraticable. Aujourd'hui il en est tout différemment ; et c'est même pour cela que nous avons voulu envisager la question, puisqu'elle sort du domaine théorique, et que l'économie politique traite essentiellement des contingences d'ordre pratique.

Dans ces transformations et inventions relatives à

la conservation des denrées périssables (suivant le mot très caractéristique et pittoresque), nous envisageons assez peu l'industrie des conserves proprement dites ; bien que le procédé Appert, sous réserve des modifications ultérieures, ait rendu de très grands services alimentaires, et permette notamment, et pour les fruits, et pour le poisson, et pour la viande, d'envoyer à longue distance, sur des marchés de consommation insuffisamment approvisionnés, des denrées qui seront appréciées par le consommateur, en dépit de certaines déperditions et transformations qu'elles auront pu subir. Dans la mise à contribution des ressources extérieures que nous étudions pour l'alimentation française rendue plus facile, nous admettons bien que l'on puisse tirer parti de ce procédé de conservation. Mais nous considérons comme, la réalité, non plus seulement comme un avenir prochain, mais comme l'avenir tout à fait immédiat, *le présent,* l'utilisation de la conservation par le froid. Elle fait déjà des merveilles, notamment pour les viandes ; et l'on peut en tirer autrement parti de façon bien plus large, entre marchés extrêmement éloignés les uns des autres, pour les produits les plus variés.

Pour peu que l'on consulte les spécialistes en matière d'hygiène alimentaire, étudiant le problème plutôt au point de vue médical qu'au point de vue économique, on s'aperçoit bien de la nécessité indispensable de cette variété de l'alimentation, qui ne peut naturellement être assurée que si le consommateur d'un pays déterminé sait faire appel aux produits, non pas seulement locaux, mais extérieurs, étrangers, provenant des contrées les plus lointaines. Si nous consultions un ouvrage extrêmement intéressant du Dr J. Laumonier, intitulé *L'Hygiène de l'Alimentation*[1], nous y constaterions immédiatement qu'il insiste sur ce que l'alimentation bien comprise résulte du choix des matériaux : ce qui suppose immédiatement que l'on peut faire appel à des matériaux variés, très différents par leur composition, par leur origine, etc... Et dans le tout petit volume du même auteur, intitulé *L'Hygiène de la cuisine*[2], notre confrère montre bien encore comment la variété joue un rôle de premier ordre, cette variété d'origine et de nature des aliments étant aidée par la variété des préparations culinaires.

Et comme en ces matières très spéciales il faut faire appel aux spécialistes, et non se contenter d'envisager le problème économique, nous pourrions non pas seulement nous rapporter aux recherches d'Atwater, qui ont été fréquemment citées et invoquées par notre maître et ami Yves Guyot ; mais

1. Alcan, éditeur, Paris.
2. Egalement Alcan éditeur, Paris.

plus simplement étudier un article très remarquable
publié dans la *Revue scientifique* [1], dû à MM. A. Kling
et J. Hinard, où ils traitent de cette question des
conserves de viande à laquelle nous faisions allusion, et où ils insistent sur ce qu'une substance alimentaire donnée s'assimile plus ou moins bien,
suivant qu'elle est ingérée seule ou associée à
d'autres aliments. Non seulement l'homme ne peut
se contenter d'un aliment unique, mais encore il lui
faut une nourriture variée.

Ce qui n'empêche du reste que l'homme, dans son
alimentation, doit s'adresser à quatre groupes
principaux d'aliments : aliments azotés ou albuminoïdes, aliments hydrocarbonés, aliments gras et
enfin aliments minéraux ou sels. Cette importance
de la variété en matière alimentaire a été mise en
lumière par un des maîtres contemporains, M. Armand Gautier, qu'il faut toujours interroger en ces
matières, et qui est venu à tant de reprises, par sa
haute science, donner les meilleurs arguments à
ceux qui poursuivent l'échange aussi complet que
possible des produits alimentaires entre les différents
pays du monde. Cette nécessité de la variété dans
les aliments confirme par ailleurs une observation
économique que l'on ne saurait trop répéter : l'aug-

1. Voir le numéro des 28 août-4 septembre 1915.

mentation du bien-être qui se traduit par cette diversité des aliments mis à la disposition du consommateur, n'est point un luxe (si tant est que l'on puisse réellement savoir ce qu'est le luxe) ; elle répond à une meilleure et plus complète satisfaction des besoins matériels, objet de la vie économique. Et c'est précisément pour cela que M. Armand Gautier, étudiant la ration du soldat français en temps de guerre [1], réclamait non pas seulement une addition à cette ration, mais encore l'apport de certains aliments variés pour ajouter aux qualités de la ration.

Quant à la question même de l'intensité des besoins matériels à satisfaire, de la nature essentiellement diverse des produits de construction et d'entretien de l'organisme qu'il faut mettre à contribution, elle a été traitée de la façon la plus autorisée par une foule de gens dont nous n'avons à citer que quelques-uns ; peut-être du reste parfois avec un peu trop de confiance dans des expériences de laboratoires. Beaucoup ne se rendent pas suffisamment compte que la ration doit être plus largement comprise et pratiquée que ne l'indiqueraient strictement ces expériences, tout simplement parce que l'on n'est jamais sûr, physiologiquement, que l'organisme assimilera,

1. Voir le numéro des 27 février-6 mars 1915 de la *Revue scientifique*.

digérera bien toutes les matières, en apparence suffisantes, que lui apportent les aliments.

Ce problème de la digestion par rapport à l'ingestion est même tellement important, que les hygiénistes nous semblent un peu imprudents en étant aussi affirmatifs sur le nombre de calories, sur l'effet alimentaire qu'ils prétendent calculer avec une précision qui nous déconcerte un peu, quand ils établissent la ration alimentaire, et quand ils affirment que telles quantités de tels et tels aliments vont répondre très suffisamment aux différents besoins de l'organisme, jouer leur rôle hygiénique, alimentaire, en même temps qu'économique encore une fois.

Sans doute faut-il redouter le danger de confier à l'estomac et à l'organisme trop de matières alimentaires dont il ne saura que faire, et qui peuvent par conséquent entraîner pour lui une fatigue inutile, et là aussi une déperdition de richesses, avalées mais non utilisées. Mais il faut peut-être encore davantage se méfier en affirmant que tel aliment, contenant tant de calories, apportant telle nature de nourriture à l'organisme, laissera vraiment à celui-ci tout ce qu'il contient théoriquement.

L'éminent savant qu'est M. Armand Gautier ne s'y est point trompé, quand il a étudié la dépense d'énergie que représente le fonctionnement animal

répondant à deux besoins essentiels : la calorifica-
tion et la production du travail mécanique. Il estime
d'ailleurs cette dépense en chaleur à 3.000 calories
environ ; ce qui peut se traduire par la chaleur
nécessaire et suffisante pour porter à l'ébullition
30 kilogrammes d'eau se trouvant à 0°. Il a fait remarquer que, sur ces 3.000 calories, le travail effectif
d'un ouvrier moyen ne correspond guère qu'à 8 ou
10 p. 100 au plus ; que 2.700 calories sont perdues
sous forme de chaleur rayonnée par le corps vivant,
ou dépensées pour fournir la vapeur d'eau que notre
peau évacue ou que nos poumons expulsent. Et
c'est pour cela que, lui aussi, est revenu sur cette
question si importante de la variété dans l'alimentation, de l'introduction dans l'alimentation de divers
éléments qui ne semblent pas indispensables, surtout
quand ils ne sont pas fournis par le sol national.
C'est ce qu'il appelle les aliments nervins.

Ces aliments nervins, dont il a parlé un peu plus
en détail dans son traité *L'Alimentation et les Régimes* [1], qui disposent l'homme à mieux résister à la
fatigue, quelle qu'elle soit, c'est le café, le bouillon,
les épices, les condiments, les boissons aromatiques,
le vin même, l'alcool à petite dose et bien donné [2]. Et

1. Masson, éditeur, Paris.

2. Voir sa belle conférence faite en 1905, et reproduite dans le
numéro du 27 mai de la *Revue scientifique*.

c'est d'ailleurs en nous appuyant sur une opinion aussi autorisée que, dans l'étude que nous faisons ici, nous avons cru légitime, au point de vue alimentaire, de parler de ces boissons toniques, réconfortantes, faisant vraiment partie de la ration alimentaire considérée largement comme on le doit. Grâce aux aliments nervins, on arrive à une meilleure utilisation des réserves de l'organisme ; et, comme le dit M. Gautier, on entretient le fonctionnement normal des organes avec une moindre dépense : c'est-à-dire que l'on pratique l'alimentation, l'entretien de la « flamme vitale », de façon réellement économique. L'usage peut en côtoyer l'abus ; mais cela ne signifie pas que, par crainte de l'abus, il faille abandonner complètement l'emploi utile de ces aliments nervins.

L'allusion que nous avons faite à l'instant aux réserves de l'organisme, montre bien que l'alimentation peut dépasser les besoins, comme le dit le Dᴿ Laumonier dans un des volumes de lui que nous avons cités. Les matériaux ne sont pas tous utilisés ; mais une certaine quantité s'en dépose, précisément sous forme de réserves nutritives. C'est un phénomène d'épargne, ce qui ne nous sort pas encore du domaine de l'économie politique. Et quand il s'agit de l'alimentation de l'enfant, du jeune homme, de l'organisme normalement en voie de croissance, pour

assurer l'équilibre nutritif et cette croissance même,
qui constitue une des formes de l'enrichissement
social, il faut que les gains compensent les dépenses ;
que l'alimentation par conséquent ne donne pas seulement l'embonpoint ou les réserves, l'épargne,
mais dépasse largement les besoins immédiats de
l'organisme.

Trop souvent il y a inanition partielle ; les besoins
ne sont pas suffisamment couverts, qu'il s'agisse du
reste de l'adulte, du jeune homme ou de l'enfant ;
inanition pouvant porter sur un quelconque des
principes alimentaires, comme le dit M. Laumonier,
ou sur tous à la fois. Il y a déficit, en dépit des préjugés, en dépit de ce qu'en affirment trop de gens,
qui veulent arrêter à la frontière du pays les aliments
que lui offrent les pays étrangers. Il ne faudrait
pas croire que telle nature d'aliments, comme la
graisse ou le sucre par exemple, puisse remplacer
telle autre nature de produits alimentaires, l'albumine notamment, dans son rôle « plastique ». La
misère physiologique plus ou moins intense, accusée
ou inaperçue, peut donc se produire pour une nation
tout entière, avec son cortège de maladies ou de
réceptivités ; et le plus souvent la cause en est dans
une alimentation que l'on fait volontairement insuffisante, par l'intermédiaire de la législation spéciale.
Et c'est en ce sens que l'on peut dire que la cuisine

est d'influence sociale : la cuisine supposant d'abord le choix des aliments, leur acquisition en abondance suffisante, avant leur préparation, qui a, elle-même, son importance. Beketoff, cité par M. Laumonier, a dit : « Manger c'est la cause déterminante du progrès physique et intellectuel du genre humain ».

Il va de soi que l'alimentation à bon marché, bien entendu saine et rationnelle, pour reprendre le titre très logique lui-même d'un livre de MM. Jean Lahor et le Dr Lucien-Graux [1], doit s'imposer aux préoccupations de l'économiste ou de ceux que l'on appelle volontiers les sociologues. C'est une question sociale qui présente au moins autant d'importance que celle du logement. On en conclut volontiers qu'elle est tellement vitale que les Gouvernements doivent s'en occuper. Nous en tirons, nous, la conclusion qu'elle est d'une importance telle que les particuliers (et surtout ceux à bourse modeste) doivent réclamer la liberté d'assurer leur alimentation aussi largement, aussi facilement que possible, par mise à contribution de toutes les ressources que la terre et surtout le progrès technique, agricole, industriel, mettent à la disposition de tous les êtres humains.

MM. Lahor et Lucien-Graux, qui ont montré dans leur ouvrage un sens économique très avisé, n'ont

1. F. Alcan, éditeur, Paris.

point manqué de remarquer que l'homme, qui sait
nourrir tous ses animaux domestiques, ne sait pas
se nourrir lui-même. Il ne s'en préoccupe que de
façon secondaire, en ne cherchant guère, et surtout
en ne trouvant que fort peu les moyens pratiques
d'assurer largement son alimentation, avec des ressources variées et abondantes, empruntées un peu
partout. Et quand il sait s'y prendre, ou qu'on le
laisse faire, l'homme pourra justement trouver à des
sources diverses dans des pays différents, les albuminoïdes du lait, de la viande, du blanc et du jaune
d'œuf, du gluten, des céréales et du pain, des légumi-
neuses ; les graisses du beurre, des graisses végétales ou animales, des huiles ; le sucre des légumes ;
l'amidon de ces mêmes légumes, en particulier des
pommes de terre ; et les substances quaternaires ou
ternaires nécessaires à l'énergie calorifique ou à
l'énergie mécanique, et faciles à emprunter à une
série de produits végétaux ou animaux. Et ces
emprunts devront être d'autant plus variés, que l'ex-
clusivité s'accuse toujours par des inconvénients plus
ou moins graves pour notre organisme.

Cette nécessité malgré tout, en matière alimentaire, de recourir aux ressources extérieures, s'est
accusée très nettement pour l'Allemagne pendant la
guerre 1914-1916 ; quand, en dépit des ressources
abondantes qu'elle possédait sur son propre sol, elle

souffrait de la privation de certaines natures d'aliments, qu'un blocus même imparfait empêchait d'atteindre aisément les pays germaniques. Et c'est à cette préoccupation que répondait un volume allemand; dont une traduction a été publiée en Angleterre par M. S. Russell Wells sous le titre de « Germany's food. Can it last » [1]:

Dans ce volume (et c'était précisément sa préoccupatiou dominante); on a essayé de se rendre compte du total des calories, et autant que possible des matières alimentaires diverses, exigées par une nation — en l'espèce la nation allemande — pour assurer l'alimentation convenable des divers éléments de sa population. On arrivait de la sorte au total de 5.675 billions de calories, en se basant sur une exigence moyenne de 3.000 calories par homme fait de moins de soixante ans.

Ce calcul, bien audacieux, il nous semble, s'appuyait sur les affirmations hygiéniques pour lesquelles nous faisions tout à l'heure quelques réserves; il s'appuyait également sur la constatation des matières alimentaires introduites ou produites en Allemagne, durant une année moyenne, d'après les statistiques officielles plus ou moins exactes; et en supposant que l'ensemble de ces matières alimen-

1. University of London Press, Londres.

taires, entrant effectivement dans le pays pour la consommation totale, correspondaient bien à la satisfaction des besoins.

Il y a toujours à cet égard des réserves à faire : à plus forte raison quand on est dans un pays protectionniste, où le relèvement du prix des produits alimentaires susceptibles d'être importés arrête, diminue, gêne cette importation. On tablait également en ces matières sur les rations établies par les hygiénistes ; soit à un point de vue général, sans application d'ordre pratique immédiat ; soit pour répondre aux besoins de l'intendance militaire, désireuse de trouver une base rationnelle à l'alimentation des troupes, ou en temps de paix, ou en temps de guerre, Intendance cherchant à savoir par conséquent ce qu'elle doit fournir quotidiennement au soldat pour répondre aux besoins essentiels de son organisme, d'après l'opinion des plus autorisés des spécialistes.

On doit du reste immédiatement faire quelques réserves au sujet de ces rations alimentaires : les considérer généralement comme un minimum. Et la preuve en est que, ainsi que nous le verrons dans le prochain chapitre, c'est toujours par insuffisance que pèche la ration du soldat ; alors que pourtant la nation doit en la matière faire largement les choses, pour entretenir en bon état de nutrition ceux de ses enfants, qui, encore à l'âge de la croissance, se consacrent à la défense du pays. Rappelons que la ration normale du soldat français en campagne, mais non exposé à de grandes fatigues, comprend 750 grammes de pain ordinaire (pouvant être remplacé par 700 grammes de pain bis ou 600 de pain de guerre), puis 400 grammes de viande fraîche ou 200 de conserves de viande ; on y ajoute 60 grammes de légumes secs ou de riz, 20 grammes de sel, 21 de sucre, 16 de café, 30 de lard, 50 de potage salé, et enfin 250 centilitres de vin ou 62 centilitres d'eau-de-vie. Cela donnerait 2.880 calories d'après M. Armand Gautier.

Au surplus, ce qui montre bien que, dans ces calculs en apparence précis, on ne se trouve au contraire que dans l'approximatif, c'est qu'un intendant militaire, M. Nony, arrive à 3.472 calories pour cette ration normale, sans y comprendre les liquides. Dans la ration forte pour la période imposant aux troupes des fatigues exceptionnelles, on majore de 100 grammes la ration de viande fraîche ou de conserves de viande, de 40 celle de légumes secs ou de riz, de 11 celle de sucre ; et l'on estime arriver de la sorte à 3.190 calories, qu'on peut augmenter de 450 à l'aide des « vivres d'ordinaire ». On estime d'autre part que la ration d'entretien d'un homme au repos pourrait se composer théoriquement de quelques 2.600 calories, fournies notamment par 104 grammes d'albuminoïdes, 70 de graisse, 417 d'hydrates de carbone. Mais il ne faut point oublier que l'homme au repos est un être exceptionnel, qui né doit pas être pris en considération dans la vie d'une nation.

Le Dr Laumonier, de son côté, a établi une ration alimentaire de 2.515 calories, dont 100 grammes d'albuminoïdes, 50 grammes de graisse, 400 d'hydrates de carbone, 25 de matières minérales, et enfin 1.500 à 2.000 grammes d'eau de boisson. Il n'hésite pas à reconnaître que cette ration est purement théorique; et il la tient au reste pour un minimum. Par ailleurs, et dans son volume l'*Hygiène de l'alimentation,* il se contente de 2.040 calories pour la ration théorique quotidienne de l'adulte au repos relatif, dont 65 grammes d'albuminoïdes, 25 de matières minérales, 65 de graisse, 290 d'hydrates de carbone, 1.220 d'eau de boisson, 32 d'alcool.

Cette différence considérable entre ces divers chiffres nous entraîne encore à penser que, dans ce domaine, les indications des hygiénistes ne peuvent être que tout à fait approximatives ; et que, dans une très large limite, encore pour bien longtemps sans doute, on peut affirmer que l'être humain dans les différents pays, particulièrement en France, se trouve en présence d'une insuffisance alimentaire considérable ; qu'on doit l'aider à essayer de faire disparaître, en lui montrant, et en montrant à d'autres, les ressources qui s'offrent à l'extérieur, et qu'il suffit généralement de vouloir mettre à contribution pour les utiliser effectivement.

La France, bien que sa population jouisse d'un bien-être étrangement développé à cet égard par rapport à ce qui se passait il y a encore une cinquantaine d'années, à plus forte raison au commencement du xixᵉ siècle, ne s'alimente pas encore autant qu'elle le devrait. C'est une conclusion qui ressort de toutes les études de M. Armand Gautier sur l'alimentation carnée, de même que du rapport présenté au Ministre de l'Agriculture au nom de la Commission des viandes frigorifiées, rapport inspiré du reste (malheureusement fort tardivement) de toutes les conclusions des économistes et des hygiénistes, tenues pour inutiles avant la guerre.

Que l'on se rappelle le mot si heureux de l'admirable Lavoisier, précurseur en tant de choses, disant que « la vie est comme une flamme » : ce qui rappelle quelque peu le mot essentiellement économique de notre cher et regretté maître Gustave de Molinari. Cette flamme demande à être entretenue, largement entretenue, pour le bien de l'individu comme pour le bien de la société ; les deux intérêts étant étroitement solidaires. Et combien de maladies sont les maladies de la misère, c'est-à-dire de l'inanition, de l'alimentation insuffisante, de la misère alimentaire proprement dite, pour reprendre un mot de Brouardel et

Landouzy, visant plus spécialement cette terrible maladie sociale qu'est la tuberculose. « De tous temps, a écrit le professeur Armand Gautier, l'homme a tenté de se nourrir à sa faim et rationnellement ; la quantité et la bonne nature de ses aliments étant pour lui une source de plaisir et de force. » Pour se nourrir à sa faim, pour obtenir la variété et l'abondance que tous les hygiénistes ont reconnues nécessaires, il faut savoir, vouloir et pouvoir mettre à contribution, non pas seulement les ressources locales qui ne répondront pas toujours, même en quantité, aux besoins à satisfaire ; il faut largement étendre le champ des relations ; il faut que le commerce et l'échange, que les transports perfectionnés et rapides donnent le moyen de faire pratiquement appel aux ressources de l'extérieur entendues aussi largement que possible.

CHAPITRE II

LA PRÉTENDUE SURPRODUCTION
ET LE DÉVELOPPEMENT DES CONSOMMATIONS

Un des maîtres de l'économie politique moderne, M. Paul Leroy-Beaulieu, a insisté depuis bien longtemps sur ce que les besoins matériels de l'homme sont indéfiniment extensibles ; il y a vu avec raison un des motifs du progrès humain ; progrès qui doit se traduire par des relations plus larges, plus continues, plus régulières entre les différentes portions du monde, échangeant les unes avec les autres ce qu'elles sont susceptibles de fournir. Cette extensibilité se manifeste particulièrement en matière d'alimentation : à la fois parce que l'homme veut et doit diversifier ses consommations ; et aussi parce que la plupart des êtres humains, même dans des milieux en apparence très civilisés, sont encore réduits à cet égard à une portion trop congrue.

Ce serait une occasion de plus de montrer combien est fausse cette idée de la surproduction, qui tourmente tant une multitude de protectionnistes, sur

laquelle également tant de socialistes ont basé des
conceptions fausses, de pures illusions. Si chacun des
pays producteurs d'un article alimentaire est mis à
même d'écouler facilement ce produit sur les contrées
étrangères, comme les consommations sont insuffisamment satisfaites, surtout quand il s'agit de matières
alimentaires non obtenues sur place, la production
du premier pays considéré peut se développer encore
considérablement pendant des années et des années,
par un accroissement continu. Elle n'en sera pas
moins assurée de trouver constamment des acheteurs ;
on peut même dire que le nombre de ces acheteurs
se développera plus vite qu'ils ne pourront être satisfaits pendant bien longtemps. C'est ce que l'on a fréquemment signalé en employant ce terme tout à fait
inexact de « besoins acquis », mais qui correspond
au fond à quelque chose de réel : on manifeste des
besoins nouveaux, parce qu'on voit une possibilité de
les satisfaire plus ou moins largement.

Au contraire d'une surproduction générale ou locale, il faut tabler, parce que c'est la réalité facile à
constater, sur une insuffisance générale de production, si l'on considère l'ensemble du monde, sur une
insuffisance générale de la satisfaction des besoins
individuels de la plupart des gens. Cette insuffisance,
cette infraproduction constante et qui se prolongera
encore durant bien longtemps, sinon toujours, a été

à plusieurs reprises mise en lumière par notre maître et ami Yves Guyot : il a répété avec raison que la science économique n'est point la science de l'ascétisme, mais de la satisfaction aussi large que possible, notamment en matière alimentaire. Il le rappelait encore quand, dans le *Journal des Economistes* [1], traitant de la cherté et du protectionnisme et des quasi-émeutes de marché qui s'étaient produites en France à la fin de l'année 1911, il montrait que trop souvent le consommateur se trouve en présence de surprises désagréables : déficit dans les récoltes ou productions normales, venant encore brusquement accuser de façon temporaire l'insuffisance des satisfactions ordinaires que l'on peut se procurer dans un monde où rien ne s'obtient gratuitement, et où personne ne souffre de pléthore. Il montrait que le seul moyen de remédier partiellement à l'insuffisance alimentaire dans un milieu donné, c'est d'y laisser parvenir aussi facilement et largement que possible les produits qui pourraient se trouver en excédent, tout à fait relatif, dans un autre domaine.

Par ailleurs, dans une étude sur la production mondiale et les besoins de la population, qui se rapporte intimement au sujet que nous traitons, et qui avait été présentée au 1ᵉʳ Congrès international

1. Voir numéro d'octobre 1911.

d'hygiène alimentaire, en 1906, Yves Guyot avait essayé de calculer la quantité de viande disponible annuellement dans le monde ; et il avait trouvé qu'elle correspondait à 100 grammes par jour et par individu, alors que la ration militaire française, au moment où il écrivait, était de 330 grammes : il y avait donc un manquant, une insuffisance de 230 grammes par jour et par personne, cela simplement par rapport à une ration qui, certes, ne représentait pas la pléthore, le luxe, la surconsommation. Même aux États-Unis, où la viande était particulièrement abondante, il arrivait à une ration de moins de 85 kilos par an, au lieu des 118 kilos de la ration militaire, et dans un pays où l'on estime volontiers que la profusion règne en la matière. A plus forte raison y avait-il insuffisance en Grande-Bretagne, où cependant la consommation est formidablement supérieure à ce qu'elle est en France en particulier, et dans une foule d'autres pays.

Notre savant ami avait fait des calculs analogues et concluants également, à propos du froment, qui n'abondait pas dans le monde, comme il disait, qui était inconnu d'une masse considérable de populations, en dépit de sa supériorité alimentaire. Il envisageait du reste la question plus particulièrement au point de vue français, et arrivait à des données aussi peu satisfaisantes. Se reportant aux calculs faits jadis par Lagrange, totalisant les divers éléments d'alimen-

tation susceptibles d'être mis à contribution par la
population française, il constatait que, quand il nous
fallait 100 kilogrammes de nourriture animale, nous
n'en avions guère que 47 à 50. C'était bien en somme
l'alimentation insuffisante, ce que le Dʳ Laumonier
appelle l'*inanisation*, ne pouvant qu'entraîner de la
misère physiologique plus ou moins accusée; étant
donné surtout qu'une moyenne est toujours fausse,
que, parmi l'ensemble des gens sur lesquels porte le
calcul, il y en a qui jouissent d'une ration plus abondante que cette moyenne, mais beaucoup d'autres
qui sont au-dessous. Et l'on ne pouvait être accusé
d'esprit tendancieux, si l'on rapprochait cet état
d'*inanisation* du taux relativement élevé encore de la
mortalité et de la morbidité en France.

Cette question si importante de l'insuffisance de la
ration alimentaire générale, de la consommation,
spécialement chez nous, a été traitée à une autre
reprise, de façon également très concluante, par
Yves Guyot devant la Société de statistique de Paris [1],
quand il s'y est préoccupé du rapport de la population
et des subsistances. Au risque de faire accuser une
fois de plus les économistes de ne s'attacher qu'aux
questions matérielles, ce qui est bien vrai au surplus, de ne considérer que ce que Chrysale appelait

---

1. Voir le numéro de juin 1905 du *Bulletin*.

« la bonne soupe », nous ne saurions trop recommander la consultation de cette étude d'Yves Guyot. On y trouverait de nouvelles preuves de ce que nous avancions, et de ce qui est nécessaire à ne point perdre de vue, si l'on veut comprendre combien il est indispensable, pour améliorer l'alimentation de la France, de ne point ignorer les pays étrangers, ni notre domaine colonial, de savoir les ressources que nous offrent l'un et l'autre ; et celles qu'ils sont susceptibles de fournir encore plus largement, du jour où ils seront assurés de voir les consommateurs français faire bon accueil à ces produits. Échange qui ne peut être que double, et doit inévitablement se compléter par la vente à ces pays étrangers ou coloniaux des produits du sol ou de l'industrie française, qui serviront de monnaie de payement à nos achats.

Dans son étude, Yves Guyot arrivait à conclure qu'il y a en France un déficit de 20 p. 100 environ, du cinquième, pour la ration végétale alimentaire, blé, seigle, orge, pommes de terre. Au point de vue de la ration animale, il reprenait à peu près les chiffres de lui que nous indiquions tout à l'heure, montrait que nous n'avions en France que la moitié de la nourriture animale nécessaire ; que cette ration, depuis déjà bien des années, n'avait point augmenté, avait plutôt manifesté un recul sur certains points, en dépit de l'augmentation de consommation du porc.

du poisson. Et sans vouloir aucunement y trouver
une consolation, mais tout au contraire pour montrer
l'ampleur du problème, sa généralité, il reprenait les
calculs faits par ailleurs sur la consommation de la
viande et des matières alimentaires végétales dans
l'ensemble du monde. Il montrait notamment l'Américain du Nord ne mangeant guère que 43 kilogrammes
de blé, alors qu'il en devrait consommer 100 kilogrammes pour répondre aux désiderata des hygiénistes, et se rejetant quelque peu sur le maïs, très
notablement inférieur ; pour la ration de viande, et
même pour ces Anglais considérés comme de grands
mangeurs en la matière, il ne constatait guère qu'une
consommation de 69 kilogrammes par an, ce qui est formidablement inférieur à la ration du soldat à laquelle
nous avons fait allusion à plusieurs reprises.

S'il était besoin d'autres preuves de cette infraproduction dans le monde et de cette insuffisante
consommation générale ou particulière, nous pourrions également nous reporter à une des savantes
chroniques agricoles faites par M. Achille Grégoire
et portant sur la production de la viande [1]. Notre
confrère montrait que, dans trop de régions, on se
trouvait en présence de populations particulièrement
mal nourries ; que sans doute la consommation carnée

---

[1]. Voir le numéro de mai 1906 de la *Revue Economique Internationale* de Bruxelles.

allait constamment en se développant ; mais qu'il existait encore une marge très considérable pour le progrès, même en faisant abstraction de ce qu'il appelait une consommation de luxe : chose bien difficile à préciser, à définir. Il envisageait, pour remédier à la situation, des échanges très larges de viande à travers le monde, en signalant les divers procédés de conservation de cette matière alimentaire. Et il conseillait à l'agriculteur un développement très marqué de l'élevage des volailles, afin de répondre aux besoins non encore satisfaits, aux besoins qui devaient se multiplier demain.

Par suite d'un phénomène très curieux, qui a été pour beaucoup dans la décision que nous avons prise de publier ces pages, la terrible guerre européenne est venue donner plus d'actualité encore à la question, en surexcitant les consommations dans une partie de la population française, la population mobilisée ; en l'habituant, pour beaucoup d'articles alimentaires, à consommer bien plus largement qu'elle ne le faisait quand elle s'appartenait, et quand elle était obligée de satisfaire à ses frais à son alimentation, de payer les divers produits, les diverses denrées trop coûteuses, dont elle devait en conséquence ou réduire ou ne point augmenter l'absorption.

Des besoins plus intenses ont été *acquis*, dirions-nous, si nous adoptions la terminologie habituelle :

l'Intendance s'est montrée, et avec raison, généreuse,
ainsi que nous le faisions remarquer devant l'Académie des Sciences morales et politiques, qui nous
avait admis à traiter ce sujet. Et les soldats bien
nourris, beaucoup mieux nourris et plus largement
alimentés que les civils, se sont accoutumés à des
consommations plus importantes. Nous verrons que
c'est spécialement vrai de la viande, puisque l'on est
arrivé à leur fournir quotidiennement, au moins
pendant un certain temps, 500 grammes de cette
précieuse denrée alimentaire, au lieu de la ration
moyenne si maigre à laquelle la population française
devait se limiter, comme conséquence de la cherté
et de l'insuffisance de ce produit sur les marchés français. Il est naturel de prévoir que, au retour chez
eux, ces soldats redevenus de simples citoyens, de
simples consommateurs, ne se contenteront plus de
la portion congrue de jadis ; et qu'ils seront tout prêts
à faire remarquer à ceux qui seront restés au logis
que leur ration alimentaire à eux est beaucoup trop
faible.

Cette idée se rencontre dans une récente petite brochure intitulée : « La crise alimentaire. Le problème
de la viande », publiée par un conseiller général de
la Seine, M. Henri Sellier[1] ; dans cette publication,

1. Editée par la Fédération nationale des Coopératives de consommation.

où du reste l'auteur reprenait fort à propos, sans les imaginer, une foule de considérations et de vérités qui, antérieurement, avaient été mises en lumière depuis bien des années par les économistes, et notamment par les libre-échangistes, M. Sellier faisait remarquer que la guerre allait accentuer notablement l'évolution qui, depuis déjà des années, introduisait plus largement les viandes dans l'alimentation des campagnes, c'est-à-dire le gros de la population française. Il notait que la viande aurait été pendant des mois et des mois la base de l'alimentation de millions d'hommes qui, antérieurement, n'en consommaient qu'accidentellement ; et que l'adaptation de leurs fonctions organiques, comme il disait, à la nourriture carnée, devait créer chez eux rapidement un besoin physiologique qu'ils auraient à satisfaire, sous peine de graves conséquences physiques.

M. Sellier s'élevait au surplus contre la restriction de la consommation de viande ; pour justifier son opinion, il invoquait celle de M. Édouard Vaillant (en même temps du reste que celle de M. Armand Gautier) ; mais nous aurions voulu le voir moins oublieux des efforts que, depuis trente ans environ, une série d'économistes ont faits[1] pour montrer le bien-être et

1. Voir également la campagne poursuivie par la *Ligue du Libre-Echange*, et ses publications, éditées par la Librairie Alcan.

les conséquences heureuses que donnait la libre introduction des viandes étrangères à nos amis d'Angleterre. M. Sellier reprenait aussi une idée soutenue
depuis bien longtemps par nous, que la sous-alimen
tation carnée se traduit forcément par une recrudes-
cence de l'alcoolisme, frayant la voie à une série de
maladies.

Lors même que l'on n'aurait pas fait les choses
aussi largement qu'on y est arrivé effectivement, pendant une très grande période de la guerre, pour l'alimentation de nos troupes, la ration de campagne
du soldat, dès 1873, avait été prévue à 400 grammes
de viande fraîche brute, comme le rappelle fort à
propos M. Laumonier : et il y avait de quoi surprendre
et satisfaire l'estomac de la plupart des hommes
appelés brusquement au service militaire, et aceou-
tumés chez eux à une ration autrement plus faible.
Sans doute faut-il compter sur un déchet considérable
de la viande introduite ainsi dans l'alimentation du
soldat ; le Dr Laumonier rapporte le chiffre de 50 à
54 p. 100 de déchet, d'après les calculs de Drouineau.
Cela prouve ce que nous disions tout à l'heure, qu'il
faut largement évaluer les choses, quand on prétend
affirmer qu'une population a de quoi suffisamment
se nourrir ; en tout cas ce déchet se présentait tout
aussi bien sur la ration réduite de l'habitant non
militarisé de la France, que sur celle de cet habitant

devenu soldat pour les nécessités de la défense nationale.

Toutes ces vérités économiques relatives à l'infra-consommation ont été reconnues, un peu tardivement encore ici, par M. Maurice Quentin, présentant au Ministre de l'Agriculture un rapport au nom de la Commission des viandes frigorifiées, et se préoccupant de ce que sera la consommation de viande en France demain, pour rechercher les modalités grâce auxquelles on pourra y suffire. Reprenant, sans le dire du reste et sans s'en rendre compte, les vérités soutenues par ceux qui essayent d'obtenir l'entrée des viandes frigorifiées en France depuis 1889 notamment, il a fait remarquer combien la portion quotidienne du soldat au front excédait sa consommation habituelle, quand il était à son domicile civil ; et il escomptait que, du fait de cette éducation alimentaire, le dépassement de la consommation de viande dans le pays tout entier devait être estimé annuellement à quelque 325.000 tonnes. Il n'hésitait pas même à admettre que l'on pouvait aller un peu plus loin dans cette évaluation, et qu'on arriverait à 400.000 tonnes, si l'on faisait porter le calcul sur toutes les viandes, et non plus seulement sur les viandes de bovidés.

Ce sont là des conclusions pour réjouir ceux qui

défendent la vérité depuis si longtemps; ils pourraient toutefois regretter que, à cette occasion, on ne leur ait pas rendu quelque justice.

Il ne manque pas d'un certain pittoresque de voir reproduire, par une Commission dont toutes les attaches auraient dû continuer de faire un ensemble étroitement protectionniste, cette affirmation du savant professeur M. Armand Gautier que : « la viande réconforte, excite les fonctions et fournit à l'énergie, et, dans l'ensemble, est la nourriture indispensable de la population ». La Commission a conclu qu'il fallait, non pas prohiber l'usage, mais au contraire envisager le développement de la consommation de la viande, et par conséquent de la viande étrangère, — puisque la viande nationale est absolument insuffisante, et le sera sans doute longtemps, — pour assurer les 400.000 tonnes de consommation supplémentaire auxquelles le rapporteur de la Commission a fait allusion. (Il est vrai que ce rapporteur, tout en constatant un déficit à combler, estime d'une plume légère que notre habitant des campagnes n'a point besoin de la ration carnée de l'Anglais, ration que nous avons vue pourtant correspondre à un déficit alimentaire réel, si l'on prend comme base les rations alimentaires assez modestes arrêtées par les hygiénistes des administrations militaires.)

Dans un article de la *Revue Scientifique*[1], le professeur Armand Gautier affirmait, et avec raison, qu'un des moyens de vaincre, c'est de soutenir l'énergie physique des combattants par une alimentation suffisante. Il semble que pour les victoires pacifiques de demain, c'est-à-dire plus exactement pour les succès industriels et commerciaux qui doivent suivre notre victoire militaire, il est non moins indispensable qu'une alimentation adéquate soit assurée à chacun des travailleurs, des producteurs de la France appauvrie de bras. Il faut se rappeler que la haute productivité de l'ouvrier anglais est due en très grande partie à son régime alimentaire. Il est bon de parcourir une étude sur la condition des ouvriers aux Etats-Unis de l'Amérique du Nord, publiée par le Dr Heitz dans la *Revue Economique Internationale*[2], et d'y constater également le standard of life de cet ouvrier, s'alimentant en abondance et produisant en conséquence.

Aussi bien, pour augmenter les satisfactions matérielles, l'alimentation de chacun des Français, le recours aux ressources extérieures s'imposera d'autant plus que, au lendemain de la guerre, on souffrira d'un manque de bras qui diminuera très probablement la production nationale de denrées alimen-

1. Numéro du 27 février 1915.
2. Septembre 1906.

D. Bellet. — L'alimentation.

taires; ou qui ne lui permettra guère d'augmenter, en dépit d'une funèbre diminution du nombre des consommateurs, en dépit de la mise à contribution plus large et plus rationnelle des machines en matière d'agriculture.

CHAPITRE III

LA SPÉCIALISATION ET L'APPEL AUX RESSOURCES EXTÉRIEURES

C'est surtout comme conséquence de cette variété nécessaire, que nous indiquions tout à l'heure, dans les divers éléments de l'alimentation d'une nation quelconque, qu'il faut utiliser le principe de spécialisation.

Il est absolument impossible que la France, par exemple, trouve sur son sol les produits variés dont l'usage s'impose rationnellement pour la nourriture de ses habitants. Il est donc logique que, tout en utilisant sans doute ce qu'elle peut produire par elle-même et à bon compte, parce qu'alors ce sont des consommations économiques et à bon marché, elle n'hésite pas par contre à demander à autrui, à l'extérieur, aux pays étrangers ou à ses propres colonies (qui font toujours partie de cet extérieur), une série de produits et de denrées dont elle aura avantage à tirer parti par l'intermédiaire et au profit de ses consommateurs. Du reste, tout en vendant au besoin à l'extérieur l'excédent des denrées qu'elle est, comme nous le disions, susceptible d'obtenir à bas prix, avec un bon rendement, de façon économique.

Cette spécialisation, que l'on connaît, que l'on comprend et que l'on apprécie à l'intérieur d'une ville ou d'un pays, présente les mêmes avantages, démontrés dans le moindre traité d'économie politique, quand il s'agit d'échanges à travers des frontières douanières. C'est pour cela que la France peut avoir intérêt à cesser telle production qui lui est trop coûteuse, c'est-à-dire qui est trop coûteuse pour ses consommateurs, à développer au contraire celles dans lesquelles elle réussit le mieux économiquement. Et c'est là une loi générale basée non pas seulement sur le raisonnement mais sur l'observation, que l'on doit appliquer en toutes matières, et que nous retrouverons dans les différents chapitres de ce livre, se consacrant chacun plus particulièrement à telle ou telle denrée, à tel ou tel élément de l'alimentation nationale.

Il est à remarquer que, dans l'ensemble des différents pays, en dépit des préjugés et des théories protectionnistes amenant le gouvernement à une pratique au moins partielle de ces théories, les échanges de denrées alimentaires jouent de façon constante, quoique sur une échelle relativement réduite par rapport à ce qu'ils devraient être, et comme consé-

quence de spécialisations elles-mêmes imparfaites.
Nous pourrions à ce propos rappeler toute une étude
faite par l'ingénieur en chef de la Compagnie d'Orléans bien connu, M. Richard Bloch, une autorité en
la matière, sur le marché européen des denrées
périssables[1].

L'auteur s'y est occupé des beurres, des œufs, des
viandes fraîches, des volailles et du gibier, des
poissons et des mollusques, des légumes frais et de
la plupart des fruits. L'examen des chiffres qu'il
fournissait, et qui étaient d'ailleurs certainement
inférieurs à la réalité absolue, montrait déjà l'importance prise par ces différents commerces internationaux; par conséquent le rôle que les produits en
faisant l'objet tenaient dans l'alimentation d'une
série de pays, à commencer par l'Angleterre, qui,
depuis longtemps, jouit en matière alimentaire d'un
bien-être relatif pouvant lui être envié par une série
d'autres nations. Au surplus les chiffres et les gra-
phiques qu'il fournissait se rapportaient à l'année
1907; et depuis lors ce mouvement a étrangement
augmenté, et dans les pays déjà bien partagés par
suite de leur législation douanière, et même dans les
autres, sous l'influence de besoins qui s'imposaient de
plus en plus.

1. Voir le numéro de janvier 1910 de la *Revue Politique et Parle-
mentaire*.

Aussi bien, cette intensité des besoins alimentaires cherchant à se satisfaire à l'extérieur pour une très grande partie, a-t-elle été mise en lumière par un protectionniste des plus notables et des plus déterminés, M. Edmond Théry, étudiant, devant la Société de Statistique de Paris, la question de l'alimentation pendant la guerre chez les grandes nations belligérantes, France, Angleterre, Allemagne, Autriche-Hongrie[1]. Sans doute s'est-il placé plutôt, dans son étude au point de vue des difficultés de cette alimentation du fait de la guerre. Mais ces difficultés mêmes accusent l'intensité des relations d'échanges qui se faisaient avant la crise actuelle; et notre confrère est venu donner là un bel argument en faveur des échanges internationaux; même sur ces produits agricoles dont ceux qui partagent ses illusions théoriques voudraient faire un monopole de la production française, quand il s'agit d'alimenter le consommateur français lui-même. (Il pourrait tout aussi bien nous donner des arguments, un peu inutiles maintenant, en faveur des viandes frigorifiées venues de l'étranger, puisqu'il leur reconnaît des qualités précieuses, qu'il les considère comme d'excellentes viandes; alors que pendant tant d'années les protectionnistes ont affirmé que c'étaient

1. Voir le numéro de juin 1915 du *Bulletin* de la Société.

des viandes plus ou moins *putréfiées* — le mot y
était — et provenant de bétail de valeur très inférieure.)

Comme nous le laissions entendre, c'est particulièrement dans le chapitre de l'alimentation carnée
et du commerce des viandes, que nous allons constater
dès maintenant une transformation profonde; non
pas seulement en puissance, mais actuellement
réalisée, des moyens d'alimentation de la France.
Sans doute n'a-t-on bien voulu accepter cette transformation que très lentement, à l'instar de ce qui se
faisait en Grande-Bretagne depuis si longtemps. On a
renoncé enfin aux préjugés auxquels nous faisions
allusion, et en constatant même, comme le faisait
M. H. Hitier dans le *Bulletin de la Société d'Encouragement pour l'industrie nationale*[1], que cette mise
à contribution des viandes étrangères devait être
précieuse pour la conservation de notre troupeau
national, et permettre à nos éleveurs de « pratiquer
la spécialisation, en se faisant moins fournisseurs
directs de viandes pour le consommateur national,
et plus fournisseurs d'animaux reproducteurs; soit
pour les éleveurs indigènes, soit, ce qui vaut peut-
être encore mieux parce que le marché est plus
large, pour les éleveurs étrangers ».

1. Numéro de juillet 1915.

La Grande-Bretagne, qui nous fournit plus particulièrement en matière de viandes cet exemple que
l'on se décide enfin à imiter (depuis trente années et
plus que nous réclamons l'élargissement des ressources alimentaires pour les Français), nous donne
une admirable leçon à un point de vue beaucoup plus
général, pour ainsi dire dans tout le domaine
alimentaire.

Ce serait en effet une étude bien curieuse et
concluante, mais qui réclamerait presque à elle seule
un volume, que de constater ce que les Anglais
demandent aux ressources extérieures, coloniales ou
étrangères, achètent sur ces marchés comme denrées
alimentaires de toute espèce. On s'en rendrait déjà
compte simplement en consultant les statistiques
commerciales du Board of Trade; on pourrait bien
voir comment ce recours aux ressources extérieures
s'est accusé avec la mise à contribution de la frigorification, qui fait partie des perfectionnements techniques dont nous signalions plus haut l'influence.

On ferait bien, dans ce but, de chercher des renseignements chez M. E. Gouault, secrétaire général de
notre Association française du Froid, qui a étudié
l'alimentation de l'Angleterre et les denrées frigorifiées [1]. Il insiste avec raison sur ce que l'accroisse-

---

1. Voir le numéro de mai 1914 du *Journal des Economistes*.

ment même de la population britannique a poussé à tirer parti de plus en plus des ressources de l'extérieur, grâce aux inventions qui rendaient les denrées périssables indépendantes de l'action du temps. Cette dépendance du marché extérieur que tant de gens redoutaient, ne s'est pas montrée réellement gênante, même pendant une période de terrible guerre, puisque la Grande-Bretagne libre-échangiste nous a fourni des viandes notamment. Elle ne fait pas appel à l'étranger pour moins de 650.000 à 700.000 tonnes, en ce qui concerne les viandes introduites grâce au froid ; c'est de même 210.000 tonnes de beurre, 120.000 tonnes de fromage qu'elle introduit chez elle chaque année; dans des chapitres ultérieurs nous aurons l'occasion de donner des chiffres aussi curieux pour les fruits, en particulier les bananes. Et dans l'ensemble, la valeur des importations des denrées frigorifiées en Grande-Bretagne représentait avant la guerre plus de 1.800.000.000 de francs. Nous n'exagérions donc pas en disant que l'exemple était magnifique et concluant.

Ces introductions, pour formidables qu'elles sont, bien qu'elles aient contribué à alimenter beaucoup plus largement les estomacs britanniques, ne leur ont point donné la pléthore, la surconsommation. Et tout comme la Grande-Bretagne s'est spécialisée dans la production de tels ou tels produits

industriels, elle s'est également spécialisée dans la
production de produits agricoles, du même genre en
apparence que les produits introduits du dehors,
parce qu'ils portent le même nom, mais de qualité
généralement toute différente. Ces produits britanniques trouvent aisément des consommateurs sur le
marché national ou sur le marché étranger, mais particulièrement sur le marché national, quand ils sont
différents des produits extérieurs importés. Aussi
bien, beaucoup de ces produits agricoles n'arrivent-
ils même pas, en dépit de leur production vraiment
intense, persistant sans l'abri du protectionnisme, à
combler le déficit alimentaire qui demeure toujours
même sur le sol britannique, ainsi que nous l'avons
montré plus haut, et comme il ne faut point l'oublier.

L'agriculture anglaise n'a point été tuée, il s'en
faut de beaucoup, et à aucun égard, par la concurrence
des produits extérieurs introduits : c'était ce que montrait il y a bien des années déjà un de nos collègues
et amis, malheureusement disparu trop tôt, Émile
Macquart ; c'est ce qui est reconnu, un peu tardivement il est vrai à l'heure actuelle, par certains protectionnistes ; c'est ce qui est mis en lumière par
tous ceux qui ont consciencieusement étudié le problème, et constaté l'origine variée des denrées alimentaires, en particulier des viandes, consommées sur

le sol anglais. Nous pourrions invoquer notamment
M. Gouault une fois de plus : nous verrions avec lui
que la proportion de viande étrangère mise sur le
marché britannique reste voisine de 38 p. 100 du
total de la consommation ; ce qui laisse une belle
part, un beau rôle à remplir (rôle encore insuffisamment rempli) au bétail et à la viande indigènes. Le
troupeau indigène lui-même a augmenté, parce que
toutes les quantités de matières carnées mises à la
disposition de nos amis de Grande-Bretagne ne
répondent pas encore à leur appétit. Bien plus, très
souvent la part représentée dans la consommation
nationale par le bétail indigène correspond à de la
viande de surchoix, ce qui est bien une manifestation
de la spécialisation de l'élevage anglais, par rapport
à l'élevage extérieur. Pour ce qui est des beurres, il
en est sensiblement de même : on continue de fabriquer du beurre, et de l'excellent beurre, en Grande-
Bretagne. Mais on fait appel de plus en plus aux pays
qui savent fournir ce que demande le consommateur ;
nous visons tout spécialement le Danemark, puisque
la France a eu la maladresse de perdre en Grande-
Bretagne une clientèle précieuse pour ses beurres de
choix. Domaine où elle pouvait encore se spécialiser,
en faisant appel pour la consommation ordinaire de
ses habitants à des beurres étrangers, comme le fait
du reste la Grande-Bretagne elle-même, grâce au

double phénomène de la spécialisation et des échanges internationaux.

Si nous voulions être plus largement documenté sur ces avantages de la spécialisation, et du recours aux ressources extérieures pour la Grande-Bretagne, nous pourrions consulter une publication française tout à fait officielle, un rapport sur l'importation du bétail et de la viande en Grande-Bretagne, paru dans *le Bulletin mensuel de l'Office de Renseignements agricoles*[1]. On y accuse la qualité supérieure des viandes indigènes britanniques se vendant comme viandes tout à fait spéciales, à des prix très élevés, et le rôle précieux des viandes venues de l'extérieur, à des prix plus modestes, pour la grosse masse des consommateurs, qui en réclament encore davantage. On y verrait les agriculteurs anglais s'efforçant de produire toujours la meilleure qualité, pour conserver un marché, en dépit de la concurrence des viandes venues du dehors.

On trouverait également des preuves ou la reconnaissance manifeste des avantages de la spécialisation en matière alimentaire, dans ce rapport de la Commission des viandes frigorifiées (pourtant constituée primitivement sous des influences nettement protectionnistes) qui a été fait par M. Maurice Quentin

1. Voir le numéro de mars 1907.

et M. Alfred Massé. On y note que l'Angleterre, consommatrice de centaines de milliers de tonnes de viande étrangère, possède les races de bétail les plus sélectionnées, et dont les prix atteignent au plus haut ; on y considère la production et la vente des races d'élevage pour l'agriculteur comme un débouché de premier ordre, auquel ne préjudicie aucunement l'importation de viandes congelées ou réfrigérées. La pratique paraît devoir s'imposer encore bien plus à la France qu'à la Grande-Bretagne, puisqu'il est dûment constaté, notamment dans le rapport en question, que notre troupeau de moutons par exemple diminue depuis bien des années ; s'il est susceptible de fournir des reproducteurs en nombre, il est incapable d'alimenter le consommateur national, même en ne le laissant qu'à la portion très congrue.

Il va de soi que cette transformation dans le commerce des denrées alimentaires, cette introduction notamment de denrées périssables venues de loin, ne peut encore une fois se réaliser, et surtout se développer, que si l'on possède l'organisation technique, les moyens de transport frigorifiques que l'on doit en fait à l'immortel Tellier, et qui ne se sont pas encore renationalisés en France, par suite de l'hostilité du groupe protectionniste, entêté dans des pratiques routinières, arriérées. Grâce à cet emploi du froid méthodique; et on peut dire savant en même temps que scientifique, les denrées arrivent dans un excéllent état de conservation : la chose est enfin indiscutée, même en France, par suite en partie des efforts de notre Association du Froid, par suite de la répétition acharnée à laquelle nous nous sommes livrés depuis vingt ou trente-cinq ans, dans les milieux qui considèrent la liberté des échanges et les échanges largement pratiqués comme un avantage pour tous ceux qui participent à ce mouvement.

La technique spéciale est aujourd'hui absolument connue, mise au point dans ses moindres détails et pour ses applications les plus variées. Les préjugés disparaissent, non pas seulement dans les corps représentatifs, où régnait l'ignorance la plus extraordinaire en la matière, mais encore dans les masses populaires, où la guerre, bienfaisante une fois par hasard, a mis ces masses en contact avec les viandes frigorifiées notamment, leur a fait constater, de la façon la plus indiscutable, leurs excellentes qualités alimentaires. Dès maintenant il existe, pour la Grande-Bretagne tout au moins, privilégiée en la matière grâce à un régime de liberté, une admirable flotte répondant aux besoins les plus larges. En France et dans les autres pays, cette flotte manque encore presque complètement : il a fallu l'improviser à peu près durant la période de guerre, parce que des mesures, douanières antérieures avaient empêché cette industrie de transports spéciaux de naître dans le pays de Tellier. Mais rien n'est plus simple, si l'on a la sécurité du lendemain, et en tirant parti des expériences anglaises, que de constituer tous les moyens de transport frigorifiques indispensables pour l'arrivée en abondance des denrées périssables.

Quand d'ailleurs la flotte frigorifique, la série des wagons frigorifiques eux-mêmes et des entrepôts réfrigérants seront bien et dûment constitués, et permettront cette large mise à contribution des ressources extérieures qui est la vérité, il ne faudra point que l'État et ses fonctionnaires viennent prétendre que le progrès s'est fait par eux. Et en particulier le Conseil Général de la Seine ou le Conseil Municipal de Paris, les parlementaires qui ont maintenu les droits protecteurs et les mesures soi-disant sanitaires contre les viandes réfrigérées, l'État et la douane, qui ont essayé par tous les moyens possibles de rendre plus rigides encore les mesures de proscription des denrées susceptibles de venir de l'extérieur, devront se rappeler et avouer que le progrès s'est fait malgré eux ; et comme conséquence finale, hélas bien lointaine, des efforts soutenus de tous ceux qui, comme Yves Guyot par exemple et bien d'autres, ont réclamé la liberté d'une large alimentation pour le consommateur français.

CHAPITRE IV

LA CONSOMMATION DE LA VIANDE EN FRANCE
COMMENT RÉPONDRE A SON EXTENSION ?

En dépit de toutes les théories et même des pratiques de végétarisme, il semble vraiment démontré
que l'homme, tout au plus omnivore, est destiné à
consommer surtout des matières carnées, de la
viande, du poisson, de façon très prédominante ; en
complétant son menu par des légumes, des fruits. Et
le fait que, dans beaucoup de contrées, encore à
l'heure actuelle, la viande est consommée faiblement
ou même pas consommée du tout, ne démontre nullement que cette alimentation carnée ne soit pas un
progrès considérable au point de vue de l'entretien
de la flamme vitale, du maintien de l'organisme
humain en bon état de développement et de résis-
tance.

Un auteur, peut-être peu connu de nos lecteurs,
M. A. Wœikof a, dans la *Géographie*[1], publié une
étude fort curieuse sur la « Géographie de l'alimen-

1. Voir numéro d'octobre 1909.

tation humaine », où il a montré précisément que, si la chair des différents animaux constitue la nourriture la plus répandue de l'homme, cependant des populations très nombreuses s'abstiennent de viande, mangeant tout au plus la chair des poissons, des crustacés, des mollusques. Souvent cette abstention est d'origine religieuse; et il pouvait citer les 200 millions d'habitants de l'Inde s'abstenant entièrement de viande, de même que les Birmans, les Siamois, et, autrefois du moins, les Japonais. Le plus souvent d'ailleurs cette non consommation de la viande tient à une très grande rareté des animaux domestiques, et c'est le cas en particulier pour les populations d'agriculteurs d'une portion de l'Afrique, où la mouche tsé-tsé rend impossible l'élevage de l'espèce bovine.

En parcourant l'étude dont nous venons de parler, on verrait que, dans les autres pays au contraire, la consommation de la viande est relativement très élevée, et constamment tend à se relever. Et l'on pourrait dire d'une façon plus générale que le problème de l'accroissement des quantités de matières carnées mises à la disposition de l'homme est d'autant plus important, que partout il essaye d'améliorer son ordinaire dans tous les sens, comme cela s'est déjà fait de façon assez sensible au Japon même. En France particulièrement, depuis cinquante ou

soixante ans, cela a été l'ambition constante de l'ouvrier d'abord, puis du paysan, d'accroître, chaque
fois qu'il l'a pu, sa ration carnée. C'est au surplus
une des raisons pour lesquelles le prix de la viande,
depuis déjà bien des années, subissait une hausse
marquée, comme le disait fort justement M. Hitler
dans un travail sur les Réserves de bétail dans le
monde[1]; partout les besoins de la consommation
augmentaient plus rapidement que les effectifs des
troupeaux destinés à la satisfaire. Et M. Maurice
Quentin n'avait pas tort, dans son rapport déjà cité,
de résumer l'état des choses en disant que la France
est et sera de plus en plus un grand consommateur
de viande, le goût s'en étant développé non seulement dans les grands centres industriels, mais dans
les campagnes. Il s'en réjouissait avec raison, estimant notamment qu'une nourriture substantielle,
rassasiant un appétit vigoureux, pouvait venir effi-
cacement battre en brèche les progrès de l'alcoolisme.

C'est ce que les libre-échangistes ont répété depuis
bien des années, en affirmant avec preuves à l'appui
(preuves que les autres prétendraient volontiers dé-
couvrir maintenant) que la consommation de l'alcool
était souvent pratiquée par des gens dont la modestie

1. Voir le numéro de mars 1916 des *Annales de Géographie.*

des ressources ne leur permettait pas d'acheter, autant qu'ils l'auraient voulu, de la viande. Nous ne pouvons donc qu'approuver M. Quentin, quand il s'élève contre certains hygiénistes contestant l'utilité de l'ingestion des viandes pour le corps humain. Et l'on ne saurait trop répéter les affirmations si autorisées du professeur Armand Gautier, lui qui n'a point hésité à s'élever indirectement contre les pratiques limitatives de l'introduction des matières carnées en France, disant que « la viande réconforte, excite les fonctions, fournit l'énergie et la nourriture indispensables à la population »; que les « substances albuminoïdes contenues dans la viande sous un volume réduit peuvent seules compenser la déperdition naturelle des forces musculaires ».

La conséquence est donc déjà que, au point de vue de cette nature spéciale de denrées alimentaires, la mise à contribution de l'extérieur, étranger ou colonies, s'impose de la façon la plus urgente, dans l'intérêt de notre population.

Nous ne voudrions pas imiter le vieux Caton, et répéter un « delenda Carthago »; mais il ne faut pas oublier que les agriculteurs et en général les protectionnistes français considéraient la production nationale comme parfaitement suffisante, comme assurant l'abondance aux estomacs de nos compatriotes. Et pourtant la cherté qui se faisait depuis

1901 en particulier, et bien avant toute influence exceptionnelle, cherté relevée dans la brochure de M. Sellier sur le problème de la viande, et que depuis trente ans les économistes libéraux avaient mise en lumière, prouvait nettement, en raison de la loi économique de l'offre et de la demande, que des « candidats consommateurs » nombreux n'étaient point satisfaits, ou ne l'étaient que trop peu.

Nous avons vu plus haut, en mettant à contribution Yves Guyot, et surtout en renvoyant à ses belles études, indiqués quelques chiffres rapides sur ce qu'est la consommation de la viande dans le monde. On peut dire sans hésitation qu'elle est faible, notamment par rapport à ce que nous indiquions comme la ration normale, calculée même de façon modeste. Cette constatation d'ailleurs a été faite dans une publication officielle déjà citée [1], et dans une étude sur les Marchés européens de la viande et l'importation argentine. L'auteur, à côté sans doute des chiffres relativement considérables qu'il trouvait pour la consommation annuelle de la viande par habitant en Argentine et en Australie (respectivement 128 et 111 kilogrammes), montrait comment ce coefficient tombait rapidement dans les autres pays. Il était seulement de 64 kilogrammes, d'après lui, aux

1. Voir le *Bulletin de l'office des Renseignements agricoles*, août 1912.

États-Unis, de 47 en Angleterre, de 33 à 34 en France, de 31 en Belgique, de 29 en Allemagne, de 22 en Espagne, de 12 à peine en Italie. Au surplus les 111 ou les 128 kilogrammes relatifs à l'Argentine et à l'Australie, ne correspondaient guère qu'à cette ration normale à laquelle nous faisions encore une fois allusion.

Les chiffres donnés par la publication officielle ne différaient pas notablement de ceux d'Yves Guyot ; notre maître et ami arrivait même à une estimation plus large, de quelque 44 kilogrammes, qui ne représentaient qu'un progrès bien modeste en un siècle, depuis l'évaluation de Lagrange, donnant un chiffre de 80 livres par habitant. Le regretté Alfred de Foville avait étudié également la question en 1904[1], et sous l'influence des mêmes préoccupations qu'Yves Guyot ou nous, en regrettant de voir la population française mise à la diète relative par les barrières douanières. Or il arrivait à des chiffres encore plus attristants, en estimant la consommation moyenne de viande par tête, en France, à moins de 37 kilogrammes, ce qui peut paraître bizarre après le chiffre de Lagrange. Il insistait sur la différence considérable qui se présentait à cet égard entre la population urbaine et la population rurale, montrant que, vers

1. Voir le numéro du 5 novembre de l'*Economiste français*.

1892 par exemple, les chiffres relatifs étaient de 58 et 26 kilogrammes; et il estimait que, vers 1812, pour la population d'ensemble, cette moyenne par tête n'était que de 17 kilogrammes, de 26 à peine en 1862.

En tout état de cause, on peut affirmer qu'à la veille de la guerre la consommation de viande pour chaque habitant en France était étrangement insuffisante. Et dans ce domaine plus que pour tout autre aliment, les habitudes nouvelles prises au front par le soldat, c'est-à-dire par le civil devenu temporairement un militaire alimenté par l'Intendance, ces habitudes de confort alimentaire sur lesquelles nous avons déjà insisté, vont jouer de façon intense. Chacun, et légitimement, réclamera, quand il rentrera au foyer, autant de largesse dans l'alimentation carnée que quand il était nourri par l'État; et l'exemple sera suivi par les hommes et les femmes demeurés à la maison pendant la guerre.

Nous parlions d'exemple anglais tout à l'heure; le fait est que c'est grâce à la mise à contribution de ce que nous appelons les ressources extérieures, que l'habitant du Royaume-Uni peut se payer, au sens littéral du mot, c'est-à-dire consommer, une proportion de viande étrangement supérieure à la ration pratiquée normalement par le Français. Ce n'est certes pas le développement, aussi considérable qu'il

aurait pu se faire, de l'élevage national sur le sol
britannique, qui aurait de beaucoup répondu à cet
accroissement de l'alimentation carnée. Yves Guyot
estime que l'Anglais réduit à la production nationale n'aurait pas, par an, 38 kilogrammes de viande
à manger ; tandis que sa ration dépasse d'après
lui 69 kilogrammes 'par an. Ration qui n'est bien
entendu qu'une moyenne. D'après M. A. H. Rew,
étudiant le problème devant la Royal Statistical So-
ciety, dans le groupe des ouvriers de l'usine ou des
ouvriers de la ferme, la consommation ne dépasserait guère 48 kilogrammes ; elle serait considérablement supérieure dans la population aisée, et surtout
dans la population riche.

Alfred de Foville a donné des indications théoriques, à ce propos de la consommation carnée en
Angleterre, pour une époque un peu antérieure.
D'ailleurs même dans le milieu à tendance pourtant
si constamment et nettement protectionniste de la
Société nationale d'agriculture de France [1], M. J. Bénard, se montrant favorable aux transports frigorifiques, parce qu'il en saisissait tous les avantages
multiples, disait que l'Angleterre avait dû faire
appel à l'étranger et à ses colonies « au grand avantage de son alimentation carnée ».

1. Voir le numéro de janvier 1913 du *Bulletin*.

Il est bon de rappeler d'un mot, ou plutôt de quelques chiffres, la consommation formidable de viande conservée par le froid qui se fait en Grande-Bretagne. Car ce sont là des indications éloquentes, qui expliquent comment on a pu améliorer l'alimentation à bon compte de toute la population, surtout de la population à ressources modestes. Cela montre également ce à quoi on peut arriver, si on le veut bien, en France, étant donné que, comme nous l'indiquerons tout à l'heure, le développement de la production peut se faire dans une foule de pays qui attendent, pour le réaliser, que des consommateurs veuillent bien faire appel à leurs ressources possibles.

En 1913 par exemple la consommation anglaise de viandes traitées par le froid a été de 2.617.000 quartiers de bœufs, dont 1.084.000 provenant d'Australie, un peu moins de l'Argentine, le reste de l'Uruguay, du Vénézuéla et de la Nouvelle-Zélande. Le chiffre correspondant pour les moutons a été de 7.377.000 dont 2.964.000 provenant d'Australie, 2.250.000 de Nouvelle-Zélande, 1.362.000 d'Argentine; le reste d'Uruguay et de Patagonie. Il est enfin arrivé 5.559.000 agneaux (viande qui ne paraissait pas susceptible de subir un long transport même à l'aide de la frigorification); l'Australie en a fourni 1.459.000, la Nouvelle-Zélande 3.324.000, l'Argentine 392.000, le reste venant de l'Uruguay et de la

Patagonie. Ces chiffres ont été très largement dépassés durant l'année 1914, influencée par la guerre et par les fournitures qui ont pris la voie de l'Angleterre pour arriver chez nous. Durant cette année, les 2.923.000 quartiers de bœufs, les 6.747.000 moutons et les 6.042.000 agneaux ont représenté un poids total de 694.000 tonnes, dont 442.000 pour le bœuf soit congelé, soit réfrigéré (c'est-à-dire porté à une température plus ou moins basse, la réfrigération suffisant généralement, même pour de longs voyages).

Si nous en avions le temps, nous pourrions montrer un progrès formidable dans la consommation et dans le commerce d'introduction de ces viandes étrangères ou plutôt extérieures, puisque beaucoup d'entre elles viennent de colonies anglaises. Il se fait une amélioration constante de l'alimentation carnée de l'Anglais.

Nous ne nous attarderons pas à rappeler la qualité de ces viandes réfrigérées, congelées, frigorifiées : c'est une démonstration sur laquelle on était obligé de revenir il y a quelques années, avant que la guerre eût fait l'éducation d'une partie des estomacs français. Mais on n'en est plus heureusement à cette époque de préjugés ridicules, sauf pourtant dans des milieux de petite bourgeoisie, ou dans beaucoup de milieux ouvriers, où l'on s'en tient étroitement aux traditions, et où l'on est effrayé de songer qu'il puisse

se manger des viandes qui ont deux ou trois mois
de date. Il y a là tout simplement l'ignorance des
vérités techniques sur lesquelles est basée la frigorification. Mais on démontre le mouvement en mar-
chant. Et la qualité de ces viandes frigorifiées a été
démontrée pour tous ceux qui ont consenti à en consommer depuis bien des mois. Dès 1913 M. Bénard,
dans sa communication à la Société Nationale d'agriculture, opposait l'excellente qualité des viandes
introduites de l'extérieur en Angleterre, à celle des
viandes d'origine nationale, mais souvent avariées
par suite des conditions de transport, qui atteignent
les halles centrales de Paris.

Nous disions d'un mot, — mais il faut y insister
plus longuement, puisque c'est peut-être le côté le
plus important du problème, — que le développement de la production dans les pays coloniaux ou
étrangers pouvait se faire rapidement, presque ins-
tantanément, et répondre, pour la France, à des
importations largement consenties des viandes de
ces différents pays. Ce qui a déjà montré la plasticité
des pays producteurs, c'est le développement même
de la consommation à laquelle nous faisions allusion pour la Grande-Bretagne durant l'année 1914,
et qui s'est accusé encore bien davantage en 1915 et
dans la première partie de l'année 1916 dont nous
ayons des statistiques. Il va de soi que si la consom-

mation s'est développée considérablement, c'est que les sources auxquelles on pouvait emprunter cette matière carnée étaient à même de débiter beaucoup plus largement qu'auparavant.

Sans doute cette expansion de la consommation s'est-elle faite en très grande partie sous l'influence de la guerre, sous les appels des intendances des différents pays alliés à des nations étrangères, en faveur de l'estomac de nos soldats ; mais le phénomène n'en demeure pas moins, avec les conséquences que nous venons de tirer. Sans doute aussi l'augmentation des prix a-t-elle été une puissante incitation à l'augmentation de la production, et de l'envoi de ces viandes frigorifiées sur les marchés européens ; mais il est inévitable que ce soit sous l'appât du bénéfice commercial et industriel que se fassent les progrès ; et ils peuvent s'accuser bien davantage quand il ne s'agit plus seulement d'un coup de fouet brusque donné à la consommation par des circonstances anormales, mais d'un progrès rationnel résultant d'un appel continu et méthodique du consommateur.

Toujours est-il que, durant l'année 1915, les différents pays exportateurs de viande frigorifiée dans lesquels il faut comprendre, pour des chiffres relativement modestes il est vrai, l'Amérique du Nord, le Canada, Madagascar, le Brésil, en dehors des pays que nous mentionnions tout à l'heure, ont exporté 883.000 tonnes de ces viandes, au lieu de 800.000 tonnes seulement en 1914, et de 767.000 en 1913. Si nous considérions seulement l'importation en Grande-Bretagne en 1915, nous verrions que par exemple il a été introduit 4.113.000 quartiers de bœufs, au lieu de 2.923.000 seulement en 1914 ; ce qui indique un progrès qu'on peut bien qualifier sans exagération de formidable. D'après la *Revue annuelle du commerce de la viande congelée* publiée par la maison spéciale Weddel de Londres, on aurait même introduit sur les marchés européens autres que le Royaume-Uni, durant 1915, quelque 220.000 tonnes de viande conservée par le froid : c'est là une véritable révolution.

Pour répondre à ce développement de l'exportation, du commerce, de la consommation, il faut tout à la fois que les producteurs ordinaires développent leur production, et que de nouveaux pays producteurs entrent dans la lice commerciale. Pour que ces pays puissent ainsi répondre à la consommation accrue, pour la France notamment, d'une série de produits alimentaires, il faut absolument qu'on applique chez eux ce principe, prééminent en économie politique, de la spécialisation, auquel nous avons dû logiquement faire allusion en commençant ce livre. C'est en somme ce phénomène rationnel, économique de la spécialisation, qui a entraîné et entraîne de plus en plus ce que M. Grégoire, dans son étude déjà citée sur la production de la viande, appelait le mouvement rétrograde du mouton en France, en Allemagne, en Belgique, cette espèce de bétail se retirant peu à peu vers des régions à culture extensive ; cette spécialisation et ce déplacement doivent entraîner logiquement une forte importation de ces contrées vers les pays à culture intensive.

Les pays qui peuvent ainsi se faire fournisseurs de viandes pour la France sont particulièrement nombreux. Et sans prétendre en quelques pages les passer tous en revue, et dresser pour ainsi dire le programme général des ressources que l'on doit mettre à contribution, il est facile d'indiquer les principaux, de montrer comment, dès maintenant, un mouvement se fait dans cette voie de la production des matières carnées pour ceux qui voudront en profiter dans le Vieux Monde ; comment rapidement des progrès se sont accusés chez les producteurs actuels ; comment l'avenir paraît assuré sans peine dans la direction d'une augmentation très notable de la ration de viande dans notre pays en particulier.

Il est tout naturel de songer aux grands producteurs actuels que sont notamment les contrées de l'Amérique du Sud. Et pour ce qui est de la Répu-

blique Argentine, on doit se rappeler qu'un passé
très récent a prouvé que ce pays peut donner, dans
un temps très court, un développement inouï à son
élevage et à sa production de viande. Les pâturages
artificiels, les luzernières ont été multipliées déjà de
la façon la plus typique ; mais le même mouvement
peut se continuer encore bien facilement. Les Argentins affirment avec raison qu'ils sauraient produire
de la viande congelée autant qu'on le leur en demandera ; que ce qui leur manque c'est simplement le
débouché. Il faut naturellement que les usines de
frigorification se mettent elles-mêmes à la hauteur
des ressources en bétail ; mais il n'y a là qu'une
question de capitaux et d'organisation technique.
C'est pour cela que la *Revue* de Weddel que nous
citions tout à l'heure, a pu dire en toute vérité que
l'Argentine est capable de répondre à d'énormes
majorations d'exportations de la viande, sans diminuer irrationnellement son stock de bétail.

Tout au plus faudra-t-il introduire dans le pays
des reproducteurs appropriés à la nature de la
viande que réclame le consommateur français, tout
comme cela s'est fait pour le consommateur anglais,
dont les exigences sont nettement différentes. La
vente de ces reproducteurs correspondra à une spécialisation dans l'industrie de l'élevage en France,
ce que nous avons laissé entendre dans un chapitre

antérieur. Comme exemple concluant du passé, on peut rappeler qu'en 1885 le commerce total d'exportation de la viande et des produits annexes ne représentait pas beaucoup plus de 3 millions en Argentine, tandis que le chiffre correspondant pour 1912 était de beaucoup plus de 700 millions de francs. La République Argentine possède une admirable floraison de grandes compagnies se livrant à cette industrie de la viande frigorifiée. Sans doute les Américains du Nord essayent-ils d'attirer à eux une partie de ce commerce, par suite de l'insuffisance croissante de la viande aux États-Unis; mais le champ est suffisamment vaste dans cette portion de l'Amérique du Sud pour répondre à tous les besoins. Et l'on peut se rappeler la comparaison pittoresque que faisait le *Journal des Halles*, en février 1912, disant que la France ne peut pas nourrir un troupeau de bœufs, car la France est par définition un jardin et un potager; et qu'il est au contraire tout naturel que, tandis que nos paysans se livreront à la sélection des beaux reproducteurs, la viande de boucherie soit fournie par toute la région de La Plata.

Nous pourrions, pour l'Uruguay faire, toutes proportions gardées, les mêmes observations que pour la République Argentine : ici encore on se trouve en présence d'un troupeau qui peut se développer formidablement, et au bénéfice de nos estomacs. Parmi les pays un peu plus neufs à cet égard, dans l'Amérique du Sud même, nous devons songer au Chili, au Brésil, tout comme à la Colombie, en nous rappelant que c'est depuis peu de temps seulement que le Vénézuéla s'est mis à expédier, et fructueusement à tous égards, des viandes frigorifiées sur la Grande-Bretagne. Nous pourrions sans peine ajouter le Paraguay à la liste.

A l'égard du Chili, il ne faut pas oublier que, depuis déjà bien des années, la Terre de Feu, autrefois considérée comme sans valeur, s'est mise à élever un troupeau énorme de moutons; et que dans le Territoire de Magellan il y a au moins 2 millions de ces animaux qui pâturent à l'heure actuelle. Le Chili dans son ensemble, si l'on pourvoit aux sécheresses possibles, est particulièrement favorable à l'élevage du mouton et même d'autre bétail; et l'on peut le compter comme un des producteurs désignés du Vieux Monde, dans un avenir très prochain, si les initiatives se font jour. Dès maintenant, en dehors des prairies naturelles abondantes, les prairies artificielles couvrent des centaines de mille hectares, et l'élevage du bœuf peut se poursuivre tout aussi bien que celui du mouton. En Colombie, on affirmait récemment que des contrats assez importants avaient été déjà signés pour l'exportation du bétail, tout au moins de la viande, puisque l'exportation à l'état vivant se fait de moins en moins, et avec raison.

Au Brésil le mouvement est déclanché, et fort puissamment, bien que l'appel du Vieux Monde aux producteurs possibles de viande ne se fasse que depuis bien peu de temps, et que l'évolution en cette matière ait dû se réaliser très rapidement, que ce nouveau commerce se soit quelque peu improvisé. Les premières statistiques officielles relatives à ce commerce des viandes frigorifiées brésiliennes ont été publiées vers la fin de 1915 ; et elles ont montré que des efforts considérables déjà se poursuivent dans les régions du pays desservies par les ports de Rio et de Santos. Rien que pendant les neuf premiers mois de 1915, plus de 4.300.000 kilogrammes de bœuf réfrigéré étaient partis de ce dernier port. Le mouvement était suivi rapidement dans l'État de Sao-Paulo, où un premier frigorifique se construisait, avec une capacité quotidienne de 1.000 bœufs, de 2.000 moutons et aussi de 4.000 porcs : cette viande ne devant pas être négligée dans les ressources à mettre à la disposition du consommateur européen. Et c'est avec raison que l'*Information Universelle* considérait l'exploitation du troupeau brésilien, amélioré, croisé avec les bonnes races européennes, comme se rattachant à l'avenir immédiat du pays : celui-ci paraît susceptible d'exporter tout de suite plusieurs centaines de milliers de tonnes de viande réfrigérée chaque année ; et quelques échantillons de ces viandes brésiliennes sont rapidement arrivés avec succès sur le marché du Havre. Le bétail du Brésil est au moins aussi bon qu'était le bétail de l'Argentine avant les transformations tout à fait scientifiques apportées dans l'élevage, dans le choix des reproducteurs, dans les pâturages ; et dès maintenant le Brésil possède un troupeau de plus de 30 millions de bœufs. Aussi bien les frigorifiques se multiplient-ils dans le pays, pour des usages variés il est vrai, mais en partie pour répondre au développement de l'exportation de la viande.

Nous n'insisterons pas sur la multiplication possible du troupeau des Iles Falkland, qui alimentent déjà partiellement le marché britannique. Nous rappellerons d'un mot les quantités formidables de matières alimentaires carnées que le Danemark fournit à l'Angleterre, dont il peut augmenter encore la production, par suite l'exportation, en la dirigeant notamment sur la France, si on veut bien la laisser entrer. Rien qu'au point de vue de la viande de porc, qui, ainsi que les autres, s'accuse comme tout à fait insuffisante au point de vue des besoins français, le prix du kilogramme montant constamment, les abattoirs coopératifs du Danemark [1] fournissent

1. Voir le numéro de mai 1916 du *Bulletin de l'Institut International d'Agriculture* de Rome.

chaque année des quantités formidables de viande au marché anglais, le nombre des porcs élevés atteignant 2.500.000 environ, au lieu de 1.500.000 à peine en 1909. C'est pour 170 millions de francs qu'il s'exporte chaque année de cette viande de porc hors du Danemark.

Avant l'odieuse agression austro-allemande, la Serbie commençait de se livrer à ce même commerce, de façon fructueuse pour sa clientèle, avantageuse pour elle. Des abattoirs très importants avaient été créés à Belgrade, à Velika Plana, à Mladodenovaz. On y mettait surtout à mort des porcs, mais aussi du gros bétail. On doit prévoir pour le lendemain de la victoire une reprise triomphante, qui trouvera logiquement, nous l'espérons, un large marché en France. Parmi les fournisseurs encore tout indiqués de la France voulant bien recevoir des viandes à bon marché, nous aurions à citer la Russie, y compris bien entendu l'immense Sibérie, dont l'élevage et la production agricole augmentent constamment : on y va tendre naturellement non plus seulement à produire de la laine, mais encore de la viande, si l'on voit des chances s'ouvrir d'un écoulement facile de cette viande.

Sans parler de l'Afrique du Sud, dont l'élevage se développe puissamment, dont les expéditions de viande se font déjà couramment sur la Grande-Bre-

tagne, est-ce que nous ne devons pas songer logiquement à tout le domaine colonial de la France, où,
sur tant de points, l'élevage du gros bétail en particulier peut se faire très avantageusement? Sans doute
ne s'agit-il point de tomber dans les illusions où l'on
se complaisait souvent ces années dernières dans les
milieux coloniaux; de se figurer que l'exportation de
la viande s'improvise avant qu'un troupeau abon-
dant ait été constitué. Mais il faut par contre considérer comme parfaitement possible, dans un avenir
relativement prochain, l'exportation de Madagascar,
et du fameux zébu indigène, auquel les estomacs français peuvent s'habituer, et des bœufs ordinaires, que
l'on élèvera de plus en plus. C'est pour cela que logiquement, dans le *Bulletin de la Société d'Encouragement à l'industrie nationale* et dans la Revue *Le Froid*,
on s'est, à plusieurs reprises, préoccupé de cette exportation du bétail de Madagascar, exportation qui doit
se faire à l'aide de transports frigorifiques. Le troupeau malgache est déjà important, il dépasse certainement 4 millions et demi de têtes, sans parler des
bœufs sauvages des régions de l'ouest ; cela correspond à un effectif des plus denses. On estime que
chaque année on peut compter sur 500.000 animaux
bons pour la boucherie, dont la consommation locale
absorberait tout au plus 300.000 têtes. Et ici aussi
on doit escompter une surexcitation très rapide de

l'élevage et de la production spéciale, du moment où le consommateur français fait appel à cette denrée alimentaire précieuse. La question a été étudiée devant la Société Nationale d'Agriculture[1] par M. Moussu et aussi par l'éminent savant qu'est M. Tisserand, qui, depuis longtemps, réclame la liberté des échanges en ces matières agricoles.

On y a montré que, parmi nos colonies, l'Ouest Africain presque dans son entier possède des ressources variées très importantes ; que d'ailleurs l'exportation du bétail sénégalais se faisait déjà vers les Canaries et certaines parties du Sud de l'Afrique ; et que, avec une organisation rationnelle et appropriée, cet Ouest Africain pourrait nous fournir en quantité très notable des viandes de bonne qualité. On se préoccupe beaucoup et avec raison de cette question du bétail colonial au point de vue de notre alimentation ; et l'on a signalé que le Cambodge par exemple, le Laos, peuvent puissamment aider à cette alimentation, tout comme l'Algérie, tout comme la Tunisie ; si, encore une fois, la porte est largement ouverte à ces importations à leur entrée en France.

Au surplus le nombre et la variété de ces fournisseurs de matières carnées pour le consommateur français sont autrement grands qu'on ne le pense

1. Voir le numéro de juillet 1911 du *Bulletin*.

communément. Et bien qu'on ne s'en doute guère à l'heure présente, il y a déjà un certain temps que la Chine, qui se livre à un élevage formidable du porc, a commencé d'expédier sur les marchés européens, grâce à la frigorification, de cette viande de porc en excellent état, pouvant contribuer à la satisfaction de nos estomacs. En 1912 il existait déjà à Hankéou une International Export C° qui avait expédié sur l'Angleterre près de 30.000 carcasses de porc, comme on dit. Des expéditions analogues avaient commencé à Karbin, en Mandchourie, et l'on étudiait le problème pour Shanghaï. La crise actuelle a ralenti considérablement ce commerce, mais provisoirement ; et en s'étendant du reste à Hong-Kong, il s'est dirigé tout particulièrement vers les États-Unis et les Philippines.

Le consommateur n'a qu'à parler, à faire un signe ; dans le monde entier il existe une foule de producteurs, de commerçants et d'industriels spéciaux qui s'empresseront de satisfaire à ses désirs, et de lui envoyer en abondance, et en abondance croissante, cet aliment type qu'est la viande.

CHAPITRE V

LE POISSON
SON ROLE ALIMENTAIRE, SON COMMERCE

A bien des reprises des économistes ont été tentés de considérer un peu d'un œil méprisant l'industrie des pêches maritimes, en la jugeant à sa valeur pécuniaire : et le fait est que, si l'on compare ce que vaut la masse de ses produits, dans un pays comme la France, avec la valeur des produits agricoles, de l'industrie laitière, de l'industrie de l'élevage, la comparaison est peu à son avantage. Mais il ne faut pas perdre de vue, surtout dans les milieux économiques, qu'il s'agit toujours jusqu'à présent d'une industrie « de cueillette » presque exclusivement, captant les produits que nous offre la nature, les dilapidant par conséquent, détruisant et n'aidant point à la reproduction. Exception est faite seulement dans quelques cas très rares de pisciculture, d'ostréiculture, de myticulture. Ce n'est que depuis quelques années que l'on est convaincu de la nécessité qu'il y a de pratiquer le repeuplement des mers, de faciliter la repro-

duction des poissons, des coquillages, des crustacés;
et ce n'est jamais qu'avec une véritable industrie, et
non point une cueillette, que l'on arrive à une production importante.

Néanmoins le poisson joue dans certains pays un
rôle de premier ordre, comme au Japon, et en très
grande partie sous l'influence de la faible consommation de la viande ; même en France, depuis une tren-
taine d'années, depuis que les moyens de transport
se sont améliorés, sont devenus plus rapides, la
population de l'intérieur le met à contribution avec
profit ; et elle devrait le faire bien davantage, étant
données les qualités alimentaires de cette denrée.
Celle-ci a le tort, il est vrai, d'être essentiellement
périssable, et de nécessiter plus que toute autre
des moyens de conservation et de transport perfectionnés.

Sans doute ce poisson, ces crustacés et ces mollusques réclament beaucoup de fraîcheur pour être
de bons aliments ; mais précisément les perfectionnements de l'expédition à distance et de la conservation leur permettent de présenter ce caractère
nécessaire. La Grande-Bretagne, en dépit de l'abondance relative de viande dont elle jouit, fait appel
depuis bien longtemps à une ration très importante
de poisson ; l'Allemagne, malgré tout très insuffisamment alimentée même en temps normal, avait con-

sidérablement développé son industrie des pêches,
en vue d'augmenter ses ressources alimentaires. On
peut presque assimiler la chair du poisson à la viande
en ce qui est de la composition, de l'action sur l'estomac, et de la nourriture de l'homme.

C'est avec raison que, dans la *Revue Économique
Internationale* [1] le Dr Tacquin mettait en lumière
l'importance de l'industrie moderne de la pêche, et
surtout de cette industrie modernisée, transformée
par les modes de capture du poisson, par l'installation
des bateaux, par la possibilité qu'elle a de plus en
plus d'aller très loin, sur des côtes exceptionnellement
poissonneuses, chercher des matières alimentaires
pour les vieilles nations dont le littoral est plus ou
moins épuisé à cet égard. L'emploi de la pêche à
vapeur a augmenté les rendements, accru la qualité
du poisson pêché, qui atteint très vite le port de
débarquement. Il faut ne plus s'en tenir aux parages
traditionnels, il faut abandonner la routine.

A la vérité on voit diminuer très notablement telle
nature de pêche, comme la pêche à la morue, qui,
de 1867 par exemple à 1902, était tombée dans sa
production, pour les bateaux belges, de 2 millions et
demi de kilogrammes à moins de 25.000 kilos. Mais
la chose s'explique parce que le poisson séché et salé

1. Numéro d'avril 1904.

est beaucoup moins apprécié que jadis ; les matières
alimentaires sont beaucoup moins rares, et l'on pré-
fère avec raison le poisson frais simplement conservé
parle froid. La preuve en est que, en Belgique précisément, le poisson importé, qui ne représentait que
moins de 3 millions de francs en 1870, vers 1902 également s'introduisait pour 24 millions. La consommation du hareng saur s'est maintenue en raison du
bon marché extraordinaire de cet excellent aliment ;
et cette consommation d'une denrée à goût si pro-
noncé s'explique justement par la nécessité où l'on
est de recourir au poisson pour compléter la ration
alimentaire, ou du moins la laisser moins maigre.

Pour reprendre un peu l'idée à laquelle nous faisions allusion tout à l'heure, il est bien évident que
les 135 à 140 millions de francs environ auxquels on
évalue fort approximativement la valeur des produits
de la pêche maritime en France, ne représentent
qu'un chiffre très minime, par rapport par exemple
à la valeur de toutes les autres matières alimentaires
et même simplement des viandes consommées par
les estomacs français. Ce n'en est pas moins déjà un
complément intéressant. Plus intéressante encore est
la possibilité que l'on a de demander à des pays étrangers, en même temps qu'à l'industrie de la pêche
française perfectionnée, des quantités de plus en plus
considérables de cette chair de poisson.

Que les gens à tendances protectionnistes, c'est-à-dire étroitement nationalistes, ne s'inquiètent pas de la concurrence que l'introduction du poisson étranger est susceptible de faire aux pêches maritimes françaises, dont on déplore les résultats pécuniaires : il y a place pour les produits étrangers et pour les produits nationaux, tout comme cela se passe pour le bétail indigène et pour le bétail étranger sur le marché anglais. L'appétit de nos compatriotes, appétit légitime, est susceptible d'absorber des produits beaucoup plus abondants de notre industrie de la pêche, tout en faisant appel aux ressources de l'extérieur. Le *Bulletin de la Ligue Maritime Française*, que l'on ne peut pas taxer d'indifférence pour ce qui est de l'intérêt de nos populations maritimes [1], insistait sur ce que, au moment où la question de la vie chère se posait si âprement, l'heure était venue de faciliter pour le bien de tous la consommation des poissons.

Dès maintenant on peut, si on le veut toujours, recourir à des importations étrangères importantes ou même à des importations fort élargies de certaines de nos colonies.

Nous ne connaissons pas une étude (elle serait pourtant bien intéressante) fournissant des données

1. Voir le numéro d'août 1913.

numériques complètes sur la valeur et l'importance
des productions de la pêche maritime dans le monde ;
mais en se reportant seulement aux rapports anglais
sur l'industrie des pêches dans la mer du Nord, on se
trouve en présence de chiffres vraiment éloquents.
On voit par exemple qu'il a été débarqué en Écosse,
durant 1912, 5.200.000 quintaux[1] de harengs ; que le
chiffre correspondant a été de près de 5.400.000 en
Angleterre, de 3.300.000 environ en Norvège,
de 1.400.000 en Suède, le chiffre pour la France ne
dépassant guère ce dernier total. Il ne faut point
oublier que la Grande-Bretagne, la Hollande et surtout les pays scandinaves exportent chaque année la
plus grosse partie de leurs prises en la matière, en
l'offrant aux consommateurs étrangers. Il faut songer
également que, rien qu'en Écosse, la capture des
poissons de choix, turbots, soles, etc... représentait
en 1911 quelque 1.900.000 quintaux (anglais toujours),
soit une valeur de près de 900.000 livres sterling,
plus de 20 millions de francs pour ce seul chapitre.
M. Hérubel, dans ses beaux travaux sur la matière[2]
a bien dit, comme nous le laissions entendre tout à
l'heure, que certaines mers, certains parages s'appau-
vrissent par suite de la pratique continue de l'in-

1. Quintaux anglais d'un peu plus de 50 kilogrammes, il est vrai.

2. Voir son volume *Pêches maritimes d'autrefois et d'aujourd'hui*,
Guilmoto-Challamel, éditeurs, Paris.

dustrie de la cueillette; mais par contre on met à contribution des terrains nouveaux dont le rendement augmente constamment, au moins pendant un certain temps, telles la côte d'Afrique, la mer Blanche, la côte Est de l'Écosse, la côte Ouest d'Irlande et la mer d'Irlande, le canal de Bristol, etc...

Déjà grâce à la mise à contribution des conserves, de la classique boîte de conserves en fer-blanc qui a conquis le monde entier, il se fait, dans ce monde, un commerce remarquable des produits de la pêche, entre les pays grands producteurs à faible population ou amplement satisfaits au point de vue de cette consommation spéciale, et les pays moins bien dotés, dont la population réclame une portion de ce complément de l'alimentation qui lui est trop souvent strictement mesuré par les interventions législatives et douanières. Que l'on ne croie pas que c'est seulement le cas du Canada ou de la côte ouest des États-Unis, essayant d'envahir le Vieux Monde (suivant l'expression favorite des protectionnistes) de leurs conserves de saumons, de crabes ou de homards; que l'on songe qu'une seule petite région de pêche comme le district norvégien de Stavanger envoie, sur les États-Unis mêmes, dans le courant d'une année, quelque 8 à 10 millions de poissons en conserves diverses.

Pour ce qui est plus particulièrement de ce Canada dont nous prononcions le nom, son industrie des pêches, tout particulièrement en Colombie, à Vancouver, sur sa côte Ouest, s'est industrialisée de la façon la plus typique, afin de traiter rapidement et à bon compte des quantités de poissons formidables, qui sont presque pêchées mécaniquement, qui sont à coup sûr nettoyées, découpées, mises en boîte à la machine. On arrive de la sorte à un bon marché qui assure la vente facile des produits des pêcheries canadiennes sur les marchés européens, en dépit même de droits de douane ; et ces procédés plus largement appliqués, avec plus de capitaux, permettraient d'accroître formidablement la préparation et l'exportation de ces produits de la mer, puisque jusqu'à présent le domaine marin se présente comme inépuisable dans ces parages du Canada, où aussi bien l'on songe depuis quelques années à pratiquer rationnellement la pisciculture, afin d'assurer l'avenir, avenir du producteur comme du consommateur.

Il est bien vrai qu'il y a un ou deux ans on s'inquiétait, dans le monde des spécialistes, d'une certaine diminution de la valeur des produits de la pêche au Canada : on faisait remarquer que cette valeur, pour l'année 1913, n'avait guère dépassé 170 à 175 millions de francs ; et l'on craignait que le mouvement ne s'accentuât. Il ne faut pas perdre de vue que déjà ce chiffre est énorme, pour un développement de côtes relativement assez faible sur lequel se produit cette industrie des pêches ; que d'ailleurs la population qui s'y livre ne représente guère que 65.000 hommes ; que d'autre part les variations dans leur valeur peuvent influencer considérablement les statistiques d'une année à l'autre, sans que les quantités prises soient réellement inférieures, tout au contraire. Le fait est qu'en 1913-1914, pour la campagne de pêche correspondant à cette période, la capture du saumon a donné beaucoup plus de 1.500.000 quintaux anglais de poissons, alors que, pour la campagne 1912-1913, le chiffre correspondant n'était que de 1.250.000. On doit se rappeler également que c'est surtout la Colombie britannique qui se livre à cette industrie des pêches maritimes au Canada ; la Nouvelle-Écosse et le Nouveau-Brunswick ne fournissant que des valeurs très considérablement inférieures, et les autres provinces entrant dans les statistiques pour des chiffres extrêmement modestes.

Les produits des pêcheries canadiennes se sont exportés jusqu'ici surtout sous la forme de poissons en conserve, en boîtes métalliques, dont beaucoup de gens ne veulent point consommer, et qui d'ailleurs reviennent relativement cher, à cause même des frais de mise en boîte, des dépenses de fer-blanc, etc... Un progrès considérable se fera, ou plutôt

s'accentuera, du jour où les importations de poissons frigorifiés, dans des bateaux ou des cales spé-
cialisées, pourront atteindre rapidement les marchés
de consommation européens, le marché français en
particulier, et s'y vendre à l'état véritablement frais.
D'ailleurs, durant la guerre de 1914-1916, qui, à
quelques points de vue, a fait transformer si rapidement certaines pratiques, on a vu arriver du poisson
canadien en très grande quantité sur l'Angleterre,
saumon, halibut, sole, hareng ; tout cela expédié
d'abord dans des wagons frigorifiques, puis dans des
cales frigorifiques, et parvenant dans d'excellentes
conditions pour l'alimentation des troupes surtout
canadiennes, auxquelles un supplément d'aliments
était ainsi assuré de façon fort originale.

Le Portugal et l'Espagne, que l'on a voulu jusqu'à
notre époque considérer comme des concurrents
redoutables parce qu'ils peuvent vendre à bon
marché les produits de leurs pêcheries, sont bel et
bien susceptibles d'augmenter dans des proportions
considérables la ration carnée de notre population
française, en envoyant une partie des produits de
leurs pêcheries, qu'ils pourront et sauront développer
encore du jour où un marché nouveau s'ouvrira un
peu largement à eux. La population portugaise n'est
certainement pas une population extrêmement indus-
trieuse, mais elle est à même d'étendre étrange-

ment son activité ; et ce développement est tout indiqué en fait de pêches maritimes, puisque déjà cette population a en la matière une éducation très avancée, que le développement des côtes du pays, la nature du littoral et des fonds rendent tout indiquée une expansion de l'industrie des pêches. Dans ce tout petit pays, celle-ci donne emploi à quelque 70.000 personnes ; et le marché du poisson de Lisbonne est un des plus remarquables du monde pour son importance même, et pour la variété des produits qu'on y rencontre. La valeur de ces produits des pêcheries est d'au moins 40 millions de francs ; et c'est énorme pour un pays aussi en retard au point de vue industriel. Les sardines portugaises ont une réputation exceptionnelle, et il en est de même des homards, dont la capture peut se développer étrangement, dont d'ailleurs une partie se dirige déjà sur la France.

L'Espagne peut également se faire assez largement notre fournisseuse de matières alimentaires, poissons, mollusques, crustacés. Il suffirait de se rappeler les mesures de toutes sortes que le Parlement français a prises contre son industrie de la sardine en conserve, les craintes exprimées si souvent à son égard par les populations maritimes françaises et par leurs représentants parlementaires, pour se dire que ces gens que l'on redoute tant sont aptes à fournir à

bon compte et en abondance au consommateur
français une très grande quantité de produits de la
mer capturés par eux. Dans ce pays d'Espagne, où
l'activité industrielle n'est pas non plus très marquée, il y a au moins 150.000 hommes employés
directement aux pêches maritimes, dont le rendement
dépasserait très notablement 100 millions de pesetas ;
on compte environ 8.000 usines se livrant à la conserve du poisson sous ses diverses formes, et l'industrie particulière de la conserve en boîtes de fer-
blanc représente annuellement quelque 3 millions
et demi de caisses, contre un million environ pour
la France. Cette industrie s'est du reste améliorée
prodigieusement au point de vue de la qualité des
huiles employées, de la préparation du poisson. Et
le bon marché de ces sardines en conserves, uni à
une qualité très satisfaisante, fait que l'Espagne
introduisait déjà beaucoup de conserves de poissons
en France, en dépit de toutes les barrières artificielles
qu'on leur imposait.

Au surplus, en cette matière comme dans les
autres, nous pouvons faire appel largement à notre
domaine colonial ou à une partie de ce domaine, en
même temps qu'à des producteurs absolument étrangers comme nationalité. Depuis déjà plusieurs années des études, des recherches des plus intéressantes se sont poursuivies sur toute la côte ouest de

l'Afrique Française ; on a constaté l'existence de poissons en abondance ; et actuellement même une partie de ces poissons, des crustacés également, parviennent sur le marché français, particulièrement parisien. Le consommateur s'est accoutumé à leur apparence, de prime abord un peu bizarre ; il a apprécié leurs qualités alimentaires, et il se porte facilement acheteur pour toutes les quantités de ces produits maritimes coloniaux qui arrivent dans nos ports et peuvent se conserver facilement pendant le trajet, soit qu'on les maintienne à l'état vivant comme les homards et les langoustes, soit qu'on les dépose dans des cales réfrigérées.

M. Gruvel[1] s'est fait une spécialité de l'étude de ces pêcheries de la côte de Mauritanie. Il a donné à leur sujet les indications les plus précises et les plus précieuses ; il a montré la pullulation du poisson sur tout le littoral ; et c'est un peu à la suite de ces indications que des armateurs, par exemple de Boulogne, n'ont point hésité à aller chercher sur cette côte la dorade, la fausse morue du Sénégal, le thon, la sole et les anchois, même des sardines. La langouste royale est devenue un article d'exportation de la baie du Lévrier pour les langoustiers bretons se rendant à Port-Étienne, et rapportant de 6.000 à

1. Voir notamment *La Géographie*, numéro de septembre 1911.

8.000 ou 9.000 langoustes vivantes. M. L. Gain, lui aussi, a étudié les pêches maritimes dans cette région de l'Afrique[1]; il a montré la variété des poissons que l'on y peut recueillir en abondance, et en abondance par conséquent venir apporter au consommateur français; alors que du reste jusqu'à présent ce sont surtout des pêcheurs canariens qui ont profité des richesses ichtyologiques de la baie du Lévrier et d'une bonne partie de la région.

Dans une multitude de nos colonies, comme le montrait avec raison le *Bulletin de la Ligue maritime*[2], on peut trouver des ressources alimentaires précieuses et abondantes pour l'alimentation française sous la forme des produits de la mer. En Tunisie par exemple la pêche est des plus fructueuses et peut le devenir davantage, d'autant que là souvent, pour certains poissons tout au moins, on fait quelque peu de la pisciculture, à l'imitation de ce qui se pratique sur les côtes italiennes. Ce sont seulement des pratiques douanières néfastes qui ont empêché le poisson tunisien d'atteindre nos marchés et nos estomacs comme il le devrait.

Du côté de la côte des Somalis et de Djibouti, la mer est particulièrement poissonneuse; les indigènes, avec les moyens les plus élémentaires, obtiennent de

1. Numéro du 20 juin 1914 de *La Nature*.
2. Numéro de janvier 1908.

beaux résultats ; et toujours grâce aux procédés de conservation par le froid, ces poissons pourraient gagner facilement les ports de débarquement français dans la Méditerranée. Pour Madagascar on n'est pas encore très informé, mais l'on sait du moins que l'Archipel de Mayotte et des Comores présente des eaux très poissonneuses dont les indigènes tirent parti pour eux-mêmes, dont il serait possible de tirer parti pour l'exportation sur la France. En ce qui est plus particulièrement de l'Indo-Chine, l'industrie de la pêche y tient une place énorme, ce qui s'explique par les habitudes des indigènes, tout à fait analogues aux habitudes chinoises et surtout japonaises. Il n'y a guère encore de centres de pêcheries perfectionnées ; mais les résultats obtenus par les habitants, et même les produits qu'ils recueillent, sont nettement concluants en faveur de relations suivies entre les pêcheries de l'Indo-Chine, tout particulièrement du Tonkin, et les marchés de consommation français.

On pourrait se dire, en songeant à la triste situation de notre colonie de Saint-Pierre et Miquelon, que l'industrie des pêches n'est pas toujours favorable aux colonies qui s'y livrent ; mais, sans insister sur la question, qui demanderait toute une série de développements, rappelons-nous qu'il s'agissait à Saint-Pierre et Miquelon d'une industrie tout à fait spéciale, dont la raison d'être disparaît de plus en plus : la pêche de la morue destinée à être salée ou séchée. Par contre, dans notre colonie de la Nouvelle-Calédonie, si bien dotée à tous égards, et dont la faune marine est d'une richesse prodigieuse, ainsi qu'on le disait précisément dans le *Bulletin de la Ligue Maritime française*, on pourra recueillir en abondance mollusques, poissons, crustacés ; et comme la distance n'est plus aucunement un obstacle, si le courant commercial établi était d'une importance suffisante pour valoir les frais de premier établissement à faire, nous trouverions dans ce pays une source très précieuse d'alimentation à bon marché, complétant l'insuffisance de notre alimentation carnée proprement dite.

Sans nous allonger outre mesure, encore pourrions-nous rappeler que les énormes pêcheries du Japon, nous entendons la multitude des petites pêcheries presque individuelles encore pratiquées sous des formes très élémentaires au point de vue des capitaux immobilisés, du matériel adopté, sont parfaitement susceptibles elles aussi d'apporter à l'alimentation du monde européen une contribution très large, sous la forme des produits de la mer les plus divers. Les Américains de l'Amérique du Nord, par les soins de leur service de pêcheries, qui est bien organisé, ont étudié de près cette productivité

énorme des mers japonaises, montré les ressources
incroyables que la population de ce pays, si nom-
breuse pourtant, trouve dans la cueillette des divers
produits marins, depuis les algues jusqu'aux poissons. Dans un pays où le standard of life et les prix
sont encore très bas, en 1907, la valeur des produits
de la mer pêchés ou récoltés, comme on disait,
s'élevait à quelque 130 millions de francs ; et dès
ce moment on en exportait pour près de 25 millions.
Depuis lors cette industrie des pêcheries s'est développée et perfectionnée considérablement : non seulement les Japonais ont pu venir opérer largement
sur les côtes de Corée ou sur celles des îles Sakha-
lines jusqu'au Kamtchaska ; mais encore la pêche à
vapeur commence de s'implanter dans le pays. Et
quelle que soit l'habileté des pêcheurs indigènes
munis de leur matériel élémentaire, le rendement de
la pêche à vapeur, de la pêche à moteur dirons-nous
plus généralement, est inévitablement de beaucoup
supérieur. Les Japonais ne demandent pas mieux
que de nous expédier une partie de ces produits de
leurs pêcheries, quitte du reste à acheter en France
en échange tel ou tel produit de nos industries les
mieux dotées.

Et encore une fois, qu'on ne vienne pas nous dire
que l'introduction de tous ces produits de la mer,
originaires de l'étranger ou même de nos colonies,

va ruiner l'industrie des pêches en France : elle ne lui fera concurrence que là où elle se pratique de façon coûteuse, avec un mauvais rendement. Pour ce qui est notamment de cette industrie de la sardine, que l'on a voulu si maladroitement protéger (ce qui a réussi surtout à la maintenir dans la routine), il est certain que notre industrie nationale, si soigneuse, si minutieuse dans les moindres détails, peut obtenir des produits de choix qui, comme qualité, dépasseront ce qu'on fait à l'étranger. Mais rien ne sera plus facile alors que de trouver, pour ces produits de choix, à un prix un peu supérieur à celui des produits ordinaires, des consommateurs nombreux, soit à l'intérieur du pays, soit à l'étranger, où on les appréciera certes comme ils le méritent. C'est toujours l'observation que nous avons faite pour la Grande-Bretagne et la vente du bétail indigène à un prix supérieur à celui de la viande frigorifiée, ou même fraîche, venue de l'étranger. L'observation est d'autant plus facile à justifier que, en matière alimentaire peut-être plus qu'en toute autre, nous sommes toujours en présence d'une infraproduction par rapport aux désirs et aux besoins humains.

CHAPITRE VI

LE PAIN, LE BLÉ ET LES CÉRÉALES

Nous sommes bien loin ici d'envisager seulement le pain. Bien que nous donnions tout à l'heure des indications qui montrent que la consommation du pain, même dans un pays de gros mangeurs de cette denrée comme la France, puisse encore se développer et en qualité et en quantité, beaucoup de nos lecteurs seraient peut-être tentés de nous dire que la question de l'accroissement de cette consommation s'impose assez peu.

Nous verrons tout à l'heure de plus près ce qu'il en est. Mais nous envisageons le blé, la reine des céréales à tous égards dans la confection de bien d'autres aliments que le pain ; et nous envisageons même, sans pouvoir malheureusement y insister, quelques céréales qu'il est d'un très gros intérêt d'introduire plus largement dans l'alimentation française : à la fois parce qu'elles peuvent élargir cette alimentation en abaissant son prix unitaire ; et aussi parce qu'elles sont susceptibles d'y apporter une variété dont l'heureuse influence a été indiquée par bien des hygiénistes.

Sans reprendre ce que nous avons dit, d'après des autorités en la matière, sur le rôle des diverses denrées alimentaires même en apparence similaires, en vue de la composition d'une alimentation rationnelle, apportant plus sûrement à l'organisme tout ce dont il a besoin, nous pouvons, à ce propos de la mise à contribution de céréales diverses, renvoyer à cette étude sur la Géographie de l'alimentation humaine de M. Woeikof que nous avons déjà mise à contribution. Le recours que la médecine moderne a volontiers aux farines d'orge, d'avoine, à des préparations alimentaires ayant ces céréales pour base, démontre bien que l'on a avantage, même dans l'alimentation normale, à les utiliser concurremment avec le blé.

Il ne faut pas oublier non plus que ces diverses céréales, auxquelles on peut ajouter utilement le seigle, ne réclament que des quantités de chaleur variables pour la maturation de leur grain ; on peut donc, les unes ou les autres, les cultiver plus ou moins dans tel ou tel pays. Et c'est pour cela même que l'importation de telle ou telle s'impose, parce que l'on aura plus d'avantage à la demander au pays qui est capable de la fournir dans les meilleures conditions agricoles et économiques. Le maïs et le riz ne sauraient non plus être négligés ; et ce sont véritablement des céréales tropicales, que l'on est obligé, en France, de demander à l'extérieur, si on veut les consommer, ce qui ne peut qu'avoir une utilité réelle.

Lors même que nous nous en tiendrions au blé, et alors que, pour exagérer la chose, nous en arriverions à considérer presque exclusivement la consommation de pain, il ne faudrait pas croire, en dépit du chiffre moyen de consommation par tête très élevé que l'on trouve pour la France, qu'il n'y ait rien à faire, à améliorer en la matière ; que notre ration soit largement suffisante, pléthorique ; que nous n'ayons aucun avantage à rien demander à l'étranger. Cette question a du reste été traitée plus particulièrement par tous ceux qui se sont occupés de protectionnisme et de libre-échange[1] ; tout simplement parce que les droits protecteurs ont porté très spécialement sur cette matière, que l'on considérait comme devant être un monopole exclusif de l'agriculteur français.

Il est assuré que la consommation de pain par tête d'habitant en France, consommation moyenne, est particulièrement élevée si l'on en juge par comparaison avec la plupart des pays étrangers. Si nous en

1. Voir notamment le volume de G. Schelle sur le *Bilan du Protectionnisme en France*, et les divers ouvrages d'Yves Guyot.

croyons la publication du Ministère de l'Agriculture
des États-Unis, le *Crop Reporter*, la consommation
du blé par habitant serait d'à peu près 2 hect., 87
par an pour la France, chiffre dépassé seulement
par les 3 hectolitres de la Belgique et les 3 hect., 45
du Canada. Pour l'Espagne, nous trouverions
2 hect., 22 ; 2 hect., 18 pour le Royaume-Uni ; le
même chiffre pour la Suisse, tandis que l'on tombe-
rait à 1 hect., 93 pour les États-Unis, où beaucoup
d'autres céréales sont largement mises à contribution ; à 1 hect., 52 pour les Pays-Bas, où la pomme
de terre remplace en très grande partie le froment,
au moins dans l'accompagnement des viandes aux
repas ; à 1 hect., 16 pour l'Allemagne ; à 0 hect., 98
pour la Russie, où le seigle tient en très grande
partie la place que tient le blé dans notre pays ; à
0 hect., 65 pour un pays pauvre comme le Portugal.
On voit du reste que ce sont là des données relatives
à la consommation du blé, et non point à la consommation du pain : il est très difficile de dresser des
statistiques[1] à ce point de vue plus particulier, parce
que l'on n'a jamais de données précises sur le rôle
que va tenir la farine, ou dans la consommation
familiale, ou même dans la consommation des acheteurs en gros, boulangers, souvent pâtissiers fabri-

---

1. Suivant le Dr Carton, elle serait de 287 kilogrammes au Danemark, de 274 en Belgique, de 234 en France, de 212 en Suisse, etc.

quant des biscuits et des préparations analogues.

Ce qui est un fait indiscutable bien mis en lumière par Yves Guyot, c'est que les disponibilités de froment pour la France, de par sa récolte moyenne, ne donnent que 7.800.000 tonnes environ, ce qui ne correspond guère qu'à 285 kilogrammes de pain par an et par tête ; alors que, si nous nous reportons à la fameuse ration militaire, que, encore une fois, on peut prendre comme une saine base d'appréciation, point exagérée du tout, il faudrait que chaque Français eût à sa disposition par an 360 kilogrammes de pain.

Ainsi, au simple point de vue du pain, nous entendons du pain blanc, pain de blé qui s'est accusé depuis si longtemps comme supérieur au pain de seigle et au pain d'orge, il y a insuffisance réelle, besoin d'importation : ce qui ne veut pas dire qu'il y ait importation effective, puisque les droits de douane généralement empêchent ou gênent cette importation, la limitent à un chiffre relativement minime, par le renchérissement qu'ils causent. Il n'y a que dans les années de disette véritable que l'on permettait aux blés étrangers de s'introduire pour combler une insuffisance trop marquée. C'est très gratuitement que l'on affirme que notre population a assez de pain ou, si l'on veut, assez de blé.

Et cela d'autant plus, encore une fois, que ce blé

peut et doit s'introduire davantage dans l'alimentation sous la forme d'une multitude de ces préparations dont usent les Anglais, dont ils usent même si bien que, quoique n'étant en fait que d'assez médiocres consommateurs de pain, ils viennent à peu près au même plan que les Français comme consommateurs de blé. Ce sont certains des puddings auxquels la cuisine anglaise a tant recours; ce sont les innombrables biscuits que l'on consomme à table, mais surtout accompagnant la tasse de thé, qui font que les Anglais accroissent avantageusement une ration alimentaire comportant déjà beaucoup de viande, à l'aide d'une quantité notable de farine de blé s'introduisant dans cette ration sous une autre forme que le pain. Ce serait là un exemple à suivre fort avantageusement par la France : c'est même un exemple qu'elle a commencé de suivre, comme le prouve l'heureuse fortune des très nombreuses biscuiteries qui se sont fondées sur notre sol, à l'instar des biscuiteries anglaises, et qui trouvent facilement à vendre toute leur production. Elles la vendraient encore bien mieux si elle était moins coûteuse, de par le prix de la matière première.

Nous pourrions ajouter que la consommation du blé dans l'alimentation des animaux améliore considérablement la qualité de la chair de ceux-ci, et que c'est encore une manière d'introduire, indirectement

du moins, le froment dans l'alimentation humaine
de façon plus large.

Les gens qui voudraient voir la France étroitement
se suffire, comme si cela était possible, tel M. Edmond Théry accumulant les statistiques devant la
Société nationale d'Agriculture, affirment sans doute
que c'est une « libération » pour la France que de
ne plus recourir aux pays producteurs étrangers en
matière de blé. Il nous semble que la vraie libération
de notre estomac, ce serait de pouvoir recevoir autant
qu'il en voudra pain ou biscuits, bouillies ou puddings, à des prix qui lui permettraient précisément
de se procurer avec abondance ces matières alimentaires, d'en varier davantage son ordinaire. M. Théry
reconnaît que c'est « seulement une grande partie de
la population rurale » qui consomme du pain de
froment chez nous, au lieu de pain d'autres céréales :
il y a donc une insuffisance à remplir de ce fait. Il
invoque la consommation du café au lait et du chocolat à la place de la soupe du matin chez les classes
laborieuses, pour affirmer encore que nous avons
moins besoin de blé qu'on ne pense ; mais il oublie
que le café au lait et le chocolat réclament du pain
dans la tasse.

La restriction de la consommation, ou du moins
son développement insuffisant comme conséquence
de prix relativement élevés, est chose trop évidente

pour quiconque n'ignore pas complètement les lois de l'économie politique. Cependant on peut la constater une fois de plus en se reportant aux chiffres de consommation successifs du froment en France et du prix moyen du quintal. C'était en somme ce qu'admettait tacitement M. H. Sagnier, qui connaît si bien ces questions bien qu'il se soit fait généralement le porte-parole du protectionnisme ; dans le *Journal d'agriculture pratique*, il remarque que, si un déficit sensible se produit dans les récoltes de la France, ce déficit jette immédiatement la perturbation dans le commerce général, que la France devient une concurrente pour les autres nations importatrices, et que cela donne le signal d'une hausse générale.

C'est tout simplement que les besoins français, déjà si étroitement alimentés par la production nationale, ne se voient plus satisfaits que dans des conditions déplorables si le déficit de notre récolte s'accuse ; la hausse se produit, l'alimentation en souffre terriblement, et le consommateur aussi. Il est au surplus facile de constater que le rendement du froment dans l'ensemble de la France, comme chiffre moyen, est particulièrement faible ; que par conséquent le prix de revient de cette denrée s'en élève d'autant, alors qu'on peut se la procurer à des prix beaucoup plus abordables en la faisant venir de l'étranger, parce que le rendement dans ces pays étrangers est relativement fort élevé. Il s'agit du rendement par hectare, et non point de la production par tête d'habitant, qui ne nous fournit point un élément d'appréciation en la matière. Les documents officiels, comme le rapport fait par le Ministère de l'Agriculture en 1912 sur la Culture, la production et le commerce du blé dans le monde, ou l'Annuaire international de Statistique agricole de Rome, nous donnent des chiffres concluants à cet égard. La France n'a qu'un rendement à l'hectare de 13 quintaux 1/2 ; tandis que le chiffre est de près de 20 pour l'Allemagne, de 21 1/2 pour l'Angleterre (où cependant on prétend que l'agriculture a été tuée par la liberté des échanges) ; de 22 1/2 pour les Pays-Bas, de 23 1/2 pour la Belgique, de près de 28 pour le Danemark. Sans doute les chiffres sont assez modestes pour le Canada, la Roumanie, encore davantage pour la Russie et la République Argentine, qui sont cependant de très grands producteurs ; mais il faut se rappeler dans quelles conditions s'y fait la culture du froment, tirant parti des avantages naturels et d'ailleurs tout temporaires du sol.

La France peut ne pas être inquiète sur la possibilité de trouver de quoi alimenter en blé, en farine de blé et en produits préparés avec cette farine la consommation grandissante de ses habitants. Le fait est que, en dépit des prévisions un peu hasardées d'un illustre savant comme Crooke, on est arrivé déjà, depuis quinze ou vingt ans, à développer considérablement la production du froment dans le monde. Notamment en mettant à contribution des engrais nouveaux, ces nitrates empruntés à l'air atmosphérique, qui ont été découverts si à point : parce que les inventeurs, la technique et la science sont toujours à l'affût des besoins à satisfaire, et arrivent effectivement à développer la production de façon constante, en y trouvant leur récompense.

Les intéressantes notes d'agriculture publiées périodiquement par M. Hitier dans le *Bulletin de la Société d'Encouragement pour l'industrie nationale,* les études très savantes de M. Sagnier, ont bien accusé cette augmentation de la surface cultivée et de la production, non pas seulement en France, mais dans tous les pays. Encore entre 1881 et 1890 la surface cultivée en blé dans le monde ne représentait guère que 71 millions d'hectares ; on arrivait à près de 80 millions entre 1891 et 1900, à plus de 95 millions entre 1901 et 1910 ; ce qui amenait la production à 880 millions de quintaux au lieu de 625, d'autant que le rendement moyen par hectare était passé de 8,10 à 9,25 environ.

La production du blé dans le monde ne cesse donc de s'accroître, il n'y a pas à escompter une pénurie éventuelle, une disette qui menacerait véritablement l'humanité ; et, dans ces conditions, il est tout naturel de songer à tirer parti au mieux de cette abondance, abondance il est vrai surtout extérieure à la France, et des bas prix que, en temps normal du moins, elle permet, pour relever la ration alimentaire de froment dans l'alimentation française. Tout peut nous tranquilliser à cet égard, et en particulier l'examen des chiffres publiés dans le *Bulletin de la Société Nationale d'Agriculture* [1], où nous constatons une augmentation énorme de la production, comme dans des pays qui dépendent de notre domaine colonial ou qui peuvent y être assimilés, et où nous avons intérêt à puiser tout comme à l'étranger. L'augmentation de la population du monde se fait plus lentement que cet accroissement de la production du blé, puisque l'une était évaluée à 24,5 p. 100 entre 1885 et 1905 par exemple, tandis que l'autre correspondait à près de 38 p. 100 durant la même période.

C'était à la même préoccupation que nous que cédait notre regretté collègue Pierre Leroy-Beaulieu quand, dans l'*Economiste Français*, en 1913 [2], il établissait que, depuis une vingtaine d'années, la production du blé dans le monde avait augmenté de moitié environ, bien que les surfaces emblavées

1. Voir en particulier avril 1913.
2. Voir les numéros des 13 et 20 septembre.

eussent crû d'un quart seulement. Que l'on se rappelle que l'Australie par exemple, qui ne donnait que 8 millions 1/2 de quintaux en 1880, arrivait déjà à plus de 15 millions en 1900, à bien près de 26 millions en 1910 ; pour la République Argentine, on est passé du même chiffre de base à peu près à plus de 20 millions en 1900, et à près de 40 millions en 1910.

Il est logique, économiquement parlant, d'essayer de tirer parti en France de cette abondance, qui s'accuse de plus en plus, de la précieuse céréale, dont nous ne savons pas encore faire autant usage et aussi bon usage alimentaire que les Anglais. Il est vrai que si la production des blés aux Etats-Unis a augmenté considérablement, leur exportation a cessé depuis longtemps d'augmenter, et même est en période de dégression : par suite de l'augmentation des besoins de la population. Mais il ne faut pas oublier que l'exportation de blé au Canada, qui, entre 1895 et 1899, n'atteignait même pas 4 millions de quintaux, s'élevait à 8 millions entre 1900 et 1904, à 12 entre 1905 et 1909, à près de 24 entre 1910 et 1913.

Dans un rapport fort intéressant sur la production agricole au Canada présenté par lui à la Société Nationale d'Agriculture[1], M. Lejeaux insistait sur

---

1. Numéro de novembre 1914 du *Bulletin*.

l'admirable développement de la culture du blé au
Canada ; il montrait la région des prairies de l'ouest
devenant un immense champ de blé de plus en plus
productif, là où il n'y avait que des prairies incultes
dix à douze ans plus tôt. Dans l'Alberta par exemple,
entre 1900 et 1912, les cultures étaient passées de
43.000 à 1.417.000 acres ; dans la Saskatchewan,
les deux chiffres comparatifs, et encore plus éloquents, étaient de 487.000 et de 4.800.000 acres. Cela
donnait un total d'environ 2 millions 1/2 d'hectares
en blé. On pouvait, avec raison également, admirer
l'accroissement de la productivité agricole à cet égard
dans la République Argentine : entre 1885 et 1889,
l'exportation que permettait cette productivité ne
dépassait pas 1.100.000 quintaux ; le chiffre était de
près de 9 millions entre 1890 et 1894, de près de 17
entre 1900 et 1907 ; et l'on arrivait, entre 1910 et
1913, à beaucoup plus de 28 millions de quintaux
exportés.

Ces considérations très consolantes, très attrayantes
au point de vue d'une consommation à développer,
avaient été déjà émises par notre cher maître
Emile Levasseur devant la Société Nationale d'agriculture même [1], quand il avait montré notamment la
Sibérie étendant ses défrichements et par conséquent

1. Numéro de décembre 1910 du *Bulletin*.

ses cultures, ses récoltes de blé, au profit des consommateurs possibles; il avait également insisté sur le rôle merveilleux du Canada et de la République Argentine à ce même égard[1].

Nous n'insisterons pas davantage. Et pourtant, si nous citions les études spéciales de M. Lahitte pour l'Argentine, nous verrions que l'avenir de la culture du blé et de la vente des blés argentins sur les marchés européens qui consentiront à les accepter est plus brillant que jamais : ce qui laisse bien supposer encore que, en France, pour les usages alimentaires les plus variés, tous les besoins de développement de la consommation du froment, la céréale supérieure, peuvent être satisfaits dans d'excellentes conditions. Cela viendra améliorer l'état hygiénique de notre population en lui donnant un bien-être nouveau.

Aussi bien, sans pouvoir y insister, rappellerons-nous aussi ces céréales secondaires que tant de pays peuvent fournir à la France; à commencer par le riz, que l'on consentira peut-être à ne point tenir comme venant faire une concurrence à redouter pour le froment national. A son propos, nous nous trouvons, plus peut-être que pour n'importe quelle autre denrée d'introduction possible en France, en pré-

1. Consulter également — on y trouvera profit — une étude de M. Assada sur le Problème de la culture du blé dans le numéro de décembre de la *Géographie*.

sence d'une clientèle à développer largement au bénéfice de nos colonies, ou du moins des plus importantes d'entre elles. Nous entendons notamment tout le groupe d'Indo-Chine, d'où les riz viennent sans doute à Marseille, mais d'où ils pourraient arriver en bien plus grande quantité si le marché de consommation se développait ; le marché de production au besoin prenant beaucoup plus d'ampleur qu'il n'en a actuellement. A la vérité la population française n'est pas encore accoutumée vraiment à la consommation de cette céréale, qui présente certaines difficultés de préparation culinaire ; la large consommation du riz par l'Intendance pendant la guerre, la mise de quantités considérables de cette denrée à la disposition des soldats se trouvant sur le front, n'a point fait suffisamment leur éducation : simplement parce que les cuisiniers plus ou moins improvisés qui assurent la cuisson de leurs aliments ne savent point traiter le riz, ni même le faire bouillir comme il doit être bouilli, ni à plus forte raison l'accommoder pour le rendre sapide et agréable aux estomacs français.

En année moyenne, la France n'importe guère au commerce spécial que 470.000 à 480.000 quintaux métriques de riz en paille, mais aussi, il est vrai, 500.000 quintaux de brisures de riz (qui ont plutôt des usages industriels que des usages alimentaires).

Ces usages industriels se retrouvant également pour
une très grosse partie des riz en paille eux-mêmes,
l'élevage du bétail contribuant également à l'utilisation d'une portion de ces importations. La Birmanie,
l'Inde anglaise, la Chine, le Japon même, Java,
peuvent nous en envoyer des quantités très considérables; il ne faut pas oublier que l'Italie est un gros
producteur de riz, et que l'ouverture de notre marché
alimentaire à ces riz pourrait avoir à bien des égards
des conséquences fort heureuses. Nous pourrions en
dire autant de l'Espagne, qui produit déjà chaque
année (bien entendu sur une portion très spéciale de
son territoire) quelque 250.000 tonnes métriques de
riz. Et pour ce qui est des fournisseurs coloniaux, on
ne doit pas oublier que la culture du riz a pris à
Madagascar un développement remarquable depuis
un certain nombre d'années, occupant en 1910 déjà
plus de 360.000 hectares. Quant à l'Indo-Chine, elle
peut déjà et elle pourrait rapidement, si l'occasion
s'en présentait, exporter autrement plus que les
800.000 à 820.000 tonnes qu'elle envoie chaque
année sur l'extérieur.

CHAPITRE VII

LA CONSOMMATION ET LE COMMERCE DES ŒUFS

Nos lecteurs vont être tentés de trouver que c'est une étrange idée que de vouloir faire appel à la production extérieure et à l'importation des œufs pour satisfaire notre consommation nationale, alors que depuis si longtemps la France avait une réputation au point de vue de la production de cette denrée, et s'était faite bien longtemps fournisseuse de la Grande-Bretagne pour des quantités extrêmement importantes d'œufs, très appréciés des consommateurs anglais.

Nous n'ignorons pas que nos fermières ont été effectivement pendant bien longtemps expéditrices de quantités très importantes d'œufs sur ce marché britannique avide de toutes les matières alimentaires. Mais nous sommes déjà loin de cette époque, sous l'influence de bien des facteurs : tout à la fois parce que notre consommation intérieure a augmenté considérablement, en retenant par conséquent une partie des œufs que nous exportions autrefois; et surtout

parce que, à la campagne, les femmes ne veulent
plus en France se donner la même peine qu'autrefois pour élever la volaille et obtenir des œufs destinés à l'exportation.

Ce commerce demande à être fait avec une minutie
croissante, il s'est vraiment industrialisé : la preuve
en est donnée par le Danemark, qui est venu, précisément sur le marché anglais, faire une concurrence
victorieuse à nos œufs. Et ceci tout particulièrement
parce que les fermières danoises, aidées des coopératives agricoles, mais mues par l'esprit d'entreprise
méthodique de la population, savent expédier à
l'Angleterre des œufs garantis frais, livrés dans des
conditions matérielles certes compliquées, mais
assurant au consommateur des œufs dont la pondaison ne remonte pas trop loin, et pour lesquels il
trouvera toujours responsabilité chez son marchand
si l'œuf n'est pas suffisamment frais. Ainsi que le
disait M. Maurice Lair, dans une étude sur l'Industrie
avicole en France[1], nos ventes en Angleterre ont
subi un fléchissement très marqué qui les ramenait,
rien qu'entre 1909 et 1911, de 116.000 à 85.000 quintaux métriques. Du jour d'ailleurs où nos producteurs
et nos exportateurs voudront tirer parti des leçons à
prendre chez leurs concurrents, se conformer aux

---

[1]. Voir le numéro de mars 1913 de la *Revue Economique Internationale.*

besoins de la clientèle, soigner les emballages, la marque des œufs tout comme les producteurs danois, russes ou sibériens, nos œufs présentant des qualités exceptionnelles, on trouvera de nouveau à les vendre en quantité à l'étranger. Ce serait encore le cas de vendre des articles de luxe d'origine française à très haut prix, tout en achetant des produits analogues, mais de qualité ordinaire, pour la consommation courante, sur les marchés étrangers.

Toujours un de ces phénomènes de spécialisation à conséquences économiques si larges, qui doivent dominer toute la question de l'alimentation, comme toute la question bien plus vaste des échanges internationaux.

En tout cas, pour l'instant, il y a insuffisance absolue de la production nationale française en œufs pour le marché intérieur ; dès maintenant on fait appel assez largement aux producteurs de l'extérieur. Mais on aurait avantage, et il faut se décider, à méthodiser cette importation des œufs étrangers.

Rien qu'au point de vue de l'alimentation du marché parisien, on s'aperçoit de cette nécessité inéluctable pour le consommateur français désireux de s'assurer cet aliment précieux qu'est l'œuf, représentant pour notre organisme quelque 60 grammes de viande, se laissant même mieux digérer et assimiler, au moins quand il est assez peu cuit ; — d'accepter l'œuf

étranger, nous voulons dire surtout de le réclamer.
Dans son année, Paris absorbe à peu près 36 millions
de kilogrammes d'œufs ; rappelons qu'un œuf pèse
tout au plus 60 grammes : ce total correspond donc
à plus de 600 millions d'œufs. Pour les œufs apportés
directement aux Halles, les 3/10 à peu près sont
fournis par l'étranger, normalement Russie, Autriche,
Bulgarie, même Italie (cette dernière ne tenant, il est
vrai, qu'une place secondaire).

Il s'en faut pourtant de beaucoup que les Français
soient parmi les plus grands consommateurs d'œufs.
Il est assez malaisé d'avoir une statistique effective à
ce sujet. Cependant une grave publication allemande,
prétendant tout résoudre par la statistique, le *Han-
dels Museum*, avait donné le chiffre de 75 œufs en
moyenne et par an pour la consommation française,
tout comme pour la consommation allemande, en
admettant celui d'au moins 85 pour l'Anglais. Le
chiffre français nous semble un peu élevé, le chiffre
anglais beaucoup trop faible, étant donnée la consommation énorme que l'Anglais fait d'œufs, notamment
le matin à son petit déjeuner sous la forme des
fameux œufs au jambon. Il y a quelque temps notre
confrère M. G. Allix, en s'occupant des efforts faits
par les Compagnies de chemins de fer françaises pour
développer la production des œufs en France, en
même temps que pour en faciliter l'expédition sur les

lieux de consommation, — affirmait avec raison que
la France ne peut et ne pourra sans doute de
longtemps suffire aux besoins de sa consommation
d'œufs. Cela est déjà évident d'après les indications
que nous donnions à l'instant.

Cette opinion n'est que confirmée quand on constate le commerce formidable des œufs étrangers qui
se fait sur la Grande-Bretagne, le marché anglais
paraissant absorber plus de 98 p. 100 rien que des
œufs danois; ce marché anglais, il est vrai, est destiné
à alimenter une population qu'une législation libérale
laisse se nourrir aussi bien qu'il est possible par
rapport à ses ressources, en utilisant ce que peut lui
fournir l'étranger. Le fait est que, dès 1893, il devait
arriver en Angleterre de l'étranger plus de 1.300 millions d'œufs représentant une valeur de quelque
94 millions de francs. En 1903 on voyait s'introduire
dans le pays 1.650.000 caisses ; ce qui, il est vrai,
est une unité un peu variable : les unes contiennent
960 et les autres 1.440 œufs. Mais on était assurément
au-dessous de la vérité en estimant que ce nombre
respectable de caisses devait correspondre à quelque
2 milliards d'œufs. Actuellement, nous entendons
avant la guerre, l'importation en année moyenne
dépassait 2 milliards 1/4 d'œufs, sur lesquels la
France n'en fournissait pas plus du dixième, alors
que vers 1893 nous livrions à l'Angleterre le tiers à

peu près de ce qu'elle demandait à l'étranger. Ce sont les négociants russes (de la Russie et aussi de la Sibérie) qui alimentent à eux seuls près des 2/5 de toute l'importation de la Grande-Bretagne en la matière; le Danemark fournissant pour son compte 1/5 environ.

Certes, rien qu'à lire les chiffres relatifs à la Grande-Bretagne, on est quelque peu stupéfait de la consommation énorme d'œufs qui se fait dans le monde, si l'on en juge par la consommation de l'Anglais; à la vérité celui-ci est exceptionnel à cet égard. Néanmoins cette consommation est énorme effectivement, autant qu'on en peut juger d'après des approximations auxquelles certains statisticiens et spécialistes agricoles se sont livrés : puisqu'ils estiment notamment que la consommation individuelle serait bel et bien de 97 œufs en Grande-Bretagne, de 94 en Belgique, de 91 en Hollande, de 127 en Allemagne, par an, ce qui, rien que pour ces pays, donnerait un ensemble formidable d'œufs consommés dans le cours de l'année. Mais il faut bien s'imaginer que la production peut étrangement se développer.

L'élevage des volailles, notamment pour la pondaison, sans doute nécessite bien des soins de la part de la fermière dans l'alimentation, dans la surveillance, aussi bien que dans le choix des pondeuses; mais il ne faut pas grande surface ni des capitaux importants pour se livrer à cette industrie, dont la productivité peut être considérablement augmentée par les soins auxquels nous faisions allusion. Si donc en France par exemple on veut accroître de beaucoup la consommation des œufs, il n'y a qu'à faire comme la Grande-Bretagne, à faire appel à une série de pays étrangers. Du jour où ils sauront que leurs œufs sont' demandés, du jour où ces œufs ne seront pas lourdement frappés à leur entrée par les tarifs douaniers; l'introduction de cette denrée alimentaire de si grande valeur prendra en France des proportions surprenantes. Dans tous les pays de faibles ressources où la population n'est pas riche, et où cependant elle se livre facilement à l'industrie agricole, les femmes peuvent être employées de la façon la plus utile à créer une petite industrie de la volaille, qui, toute petite qu'elle paraît, est susceptible de fournir des quantités d'œufs prodigieuses à la consommation extérieure.

La preuve de cette affirmation est facile à fournir pour peu que l'on parcoure les pays déjà exportateurs d'œufs, notamment sur le marché anglais, et aussi sur le marché allemand, qui était fortement réexportateur; même sur le marché danois, qui pratique strictement cette spécialisation à laquelle nous sommes déjà revenu plusieurs fois, qui vend des œufs excellents recueillis méthodiquement, garantis

au consommateur, en les écoulant à bon prix sur le
marché britannique, et fait venir de l'extérieur pour
sa consommation personnelle des œufs sans doute
de qualité un peu secondaire, mais qui suffisent
parfaitement à un consommateur moins exigeant.
En examinant ces divers pays, on voit la rapidité
surprenante avec laquelle s'est étendue la production
des œufs, au fur et à mesure que l'appel de la consommation se faisait : en ces matières, on ne sait
jamais qui commande, du consommateur qui appelle
pour ainsi dire à son secours le producteur, ou du
producteur qui vient faire ses offres au consommateur.
Ce qui est assuré, c'est que, dans les différents pays
qui ont commencé de se livrer au commerce des
œufs, le progrès de l'exportation, des ventes à
l'étranger, se poursuit avec une rapidité, sinon surprenante pour qui connaît ces questions, du moins
bien caractéristique.

Nous l'avons déjà laissé entendre à plusieurs
reprises : l'exemple le plus concluant est certainement
celui du Danemark, pays pourtant bien petit, de
population bien modeste, mais qui est arrivé très
rapidement à fournir à la Grande-Bretagne, à l'appétit
anglais, une quantité vraiment extraordinaire d'œufs,
pour le peu de temps pendant lequel le développement
de cette industrie spéciale a pu se faire. Au Danemark
on compte l'exportation des œufs en vingtaines. En

1912 par exemple, la quantité d'œufs exportés a dépassé 19 millions de vingtaines; ce qui est du reste un chiffre très nettement inférieur à celui de 1911, qui avait été de 21 millions 1/2, certaines oscillations inévitables se produisant d'une année à l'autre. Nous n'allons point examiner les procédés si curieux de ce commerce des œufs danois, pas plus que l'organisation admirable des fermes, des coopératives ou des industriels particuliers assurant la production, la récolte et l'expédition sur l'étranger, dans des conditions tout à fait exceptionnelles de sécurité pour le consommateur. Cela mériterait une étude spéciale que nous n'avons pas le loisir de faire ici et qui serait quelque peu déplacée.

Mais la plasticité même de cette industrie, son développement montrent bien, comme nous le disions, qu'elle est susceptible de fournir à une consommation encore plus large. Sans doute serait-il quelque peu humiliant pour la France, qui était jadis la grosse fournisseuse d'œufs de la Grande-Bretagne, de se fournir à son tour de cette denrée alimentaire dans le pays qui s'est en très grande partie substitué à elle sur le marché britannique; mais ce sont là des susceptibilités et des amours-propres qui sont hors de propos. Aussi bien ne serait-ce pas surtout sur le marché danois qu'il faudrait compter pour nos achats, car ce marché est relativement restreint; le pays possède depuis longtemps une population très dense, et une exploitation agricole qui n'est pas à même de se développer ¡comme cela peut se produire dans un pays neuf. Au surplus il ne faut pas oublier que le Danemark peut se faire l'intermédiaire entre la France et les pays producteurs ; il en agit de la sorte et pour les œufs, et surtout pour le beurre, vis-à-vis de la Grande-Bretagne et d'autres contrées. Mais il y a évidemment plus d'avantages pour la France à chercher à acheter directement dans les lieux de production, où l'ampleur de celle-ci peut s'accuser de façon très rapide en peu de temps pour répondre aux besoins.

En tout cas, si en quelques années le nombre des poules a bien plus que doublé, à peu près triplé au Danemark, est-ce qu'il ne pourrait pas en être de même dans les pays neufs où les grandes industries agricoles sont difficiles à développer, parce qu'en général elles demandent beaucoup de capitaux, au contraire de l'élevage de la volaille. Nous parlions tout à l'heure de la Russie parmi les pays producteurs et vendeurs d'œufs à l'étranger ; et c'est vers la Russie en particulier que les yeux du consommateur français peuvent se tourner. Depuis de nombreuses années déjà on a compris dans ce pays qu'il était possible de produire des œufs en quantité dans toutes les fermes et maisons paysannes de l'Empire, et également possible, si l'on savait s'y prendre, de trouver des consommateurs étrangers pour ces œufs. Ce qui a arrêté longtemps ce commerce, c'est l'insuffisance des moyens de transport, qui sont encore trop rares, surtout en Sibérie. Cependant, dès 1895, la Russie expédiait à peu près 1.200 millions d'œufs provenant parfois de 2.500 kilomètres. Aujourd'hui la production et le commerce des œufs russes se sont étendus de la façon la plus curieuse, Riga étant la porte de sortie principale pour cette exportation ; certaines statistiques douanières russes évaluaient à 200.000 tonnes les œufs sortant annuellement de Russie, ce qui représenterait à peu près 4 milliards d'œufs, venant principalement des districts de Voronège, de Tamboff, de Volga, de Kazan. Il existait à Saint-Pétersbourg une Bourse des œufs. La valeur des œufs exportés de Russie doit atteindre 85 millions de roubles.

Jusqu'à présent les gros acheteurs étaient la Grande-Bretagne pour 1.300 millions d'œufs environ, l'Allemagne pour 1.100 millions, l'Autriche-Hongrie pour 800 millions ; la France ne venant pour ainsi dire que la dernière dans cette exportation avec un chiffre très faible, alors que l'on prétendait vouloir rendre intimes les relations commerciales de la Russie et de notre pays [1]. Pour ce qui est de la Sibérie, l'avenir

---

1. Il est vrai que les statistiques douanières françaises évaluent beaucoup plus largement cette importation en parlant de 125.000

est peut-être plus large : sans doute ses œufs sont encore quelque peu de qualité inférieure, non pas à cause de leur origine, mais à cause des longueurs du voyage pour atteindre le port d'expédition et le consommateur. Mais la cueillette, l'emballage après le triage se perfectionnent de jour en jour ; et au fur et à mesure que ce commerce spécial représente un mouvement plus important, en valant vraiment la peine, et auquel se consacrent des spécialistes habiles. Nous expliquerons très brièvement dans un instant les conditions matérielles dans lesquelles ce commerce d'exportation des œufs se fait, et les améliorations qu'on y saurait facilement apporter, qu'on pense y apporter effectivement, grâce toujours à cette frigorification qui a fait des merveilles et qui peut en faire encore bien davantage, surtout au point de vue de la quantité des produits expédiés des marchés de production où celle-ci surabonde, sur les marchés de consommation où les denrées sont relativement rares, et chères par conséquent.

Il serait facile de montrer que « le jeu en vaut véritablement la chandelle », si l'on nous permettait l'appel au proverbe vulgaire mais très pittoresque ; car l'importation des œufs russes sur le Royaume-

quintaux métriques ; mais ce chiffre pourrait étonnamment se transformer si nous mettions largement à contribution les ressources qu'offre la Russie.

Uni était, ces années dernières (avant la guerre), de quelque 100 millions de francs ; et le chiffre n'était pas du reste très inférieur pour les importations à destination de l'Allemagne. Tout le territoire des Cosaques du Don, la Bessarabie, se sont mis à élever de la volaille, et aussi à faire le commerce de cette dernière (dont nous reparlerons tout à l'heure), en même temps que l'exportation des œufs.

Ce qui prouve au surplus la facilité relative et la rapidité avec laquelle peut se développer la production des œufs dans un pays déterminé, à destination d'un pays consommateur ouvrant largement ses frontières, c'est ce qui s'est passé, ces années dernières également, entre le Cap de Bonne-Espérance, plus exactement l'Afrique du Sud anglaise, et le Royaume-Uni. Ce ne sont guère que les difficultés du ramassage rapide, par suite de la dissémination de la population, qui empêchent jusqu'ici ces œufs, comme les produits de laiterie, de faire l'objet d'un commerce d'exportation très important. L'Union sud-africaine pendant longtemps n'avait pu trouver de marchés pour ses œufs, simplement parce que c'étaient des produits périssables ; on peut maintenant utiliser pour leur transport et leur expédition sur l'étranger des cales et des navires frigorifiques qui se multiplient de jour en jour ; le ramassage est de plus facilité, les risques diminués par la création de centres de concentration, de bourses et d'établissements frigorifiques, suivant une observation fort justement faite dans *Le Froid*[1].

L'Italie sera certainement à mettre à contribution par nous au point de vue de l'alimentation en œufs; elle n'en est il est vrai jusqu'à présent qu'à 30.000 tonnes d'expédition sur l'étranger, ce qui est un chiffre encore modeste. Nous ne parlerons guère de l'Autriche-Hongrie pour certaines raisons que l'on comprendra : quelles que soient les nécessités commerciales, la haine que nous devons conserver pour les Autrichiens et les Hongrois nous poussera à chercher nos fournisseurs ailleurs chaque fois que nous le pourrons. Et cependant l'Autriche-Hongrie expédiait avant la guerre quelque 120.000 tonnes d'œufs sur l'extérieur, ce qui représente à peu près 2.400 millions d'œufs, dont une bonne partie venaient en France. La plus grosse portion de cette masse énorme d'œufs était fournie par la Galicie, et partait de Lemberg pour passer par Vienne, franchir la frontière prussienne, et arriver, à l'aide d'un tarif spécial direct, sur le marché de Paris-La-Chapelle. La Bulgarie avait elle aussi commencé de son côté d'expédier sur divers pays des quantités d'œufs très notables ; au surplus tous les pays des Balkans peuvent, s'ils le veulent, se livrer à ce commerce. Il

1. Organe de notre Association française du Froid.

avait débuté déjà assez heureusement en Serbie, où il pourra reprendre et prendre une expansion cousidérable, grâce aux relations intimes qui se feront, nous l'espérons bien, plus que jamais entre ce pays et la France. Le petit Monténégro pourra également se faire fournisseur d'œufs ; on trouve sur son sol tout ce qu'il faut, l'abondance de population agricole, l'habitude de l'élevage de la volaille, et l'on y aura demain des moyens de communication et de transport suffisants pour assurer ce commerce, à distance relativement faible.

Nous ne saurions oublier non plus que l'Asie Mineure, spécialement Smyrne, s'est mise à chercher depuis déjà quelques années à alimenter en œufs le consommateur français, et aussi peut-être davantage le consommateur anglais ; le paysan et la paysanne turcs peuvent facilement se livrer à cette industrie si simple, ne réclamant guère de connaissances étendues, surtout quand ce sont de véritables intermédiaires spécialisés qui se chargent de la vente et de l'expédition sur l'étranger. Il y a déjà plusieurs années que la seule région de Trébizonde expédiait sur Londres, Marseille et Vienne plus de 100 millions d'œufs chaque année, œufs récoltés par des commissionnaires spéciaux dans de vieilles caisses à pétrole et apportés aux ports d'embarquement à dos d'ânes. Ces œufs ne se payent aux paysans que 4 fr. 50 à

5 francs tout au plus le cent, ce qui permet aux commissionnaires de supporter le déchet, la casse, les
frais de transport, etc., avant l'arrivée de l'œuf au
consommateur, et de vendre à celui-ci les œufs turcs
à un prix assez modeste.

Nous parlions tout à l'heure de l'Afrique du Sud à
cet égard du commerce des œufs. On comprend que
l'Afrique du Nord peut plus facilement le pratiquer
(bien que la distance arrive à être tout à fait secondaire quand on emploie les procédés de conservation
frigorifiques). Quoi qu'il en soit, depuis déjà un certain temps l'Égypte arrive à faire un commerce
d'œufs très important, et sur la Grande-Bretagne, et
même quelque peu sur la France : ce dernier pouvant se développer aisément. Les œufs égyptiens
sont fournis par des poules de petite espèce, mais se
vendent bien malgré leur faible volume. Ils ne s'expédient guère pour l'instant que d'octobre à avril, parce
que l'élévation de température gêne ce commerce, les
installations frigorifiques lui manquant d'ordinaire.
Il se développe malgré tout très vite, puisque, vers
1907, il ne représentait pas 67 millions d'œufs, et
qu'il est arrivé à dépasser légèrement les 100 millions. Ces œufs égyptiens se vendent à bas prix,
au moins dans les pays profitant de la liberté
des échanges, et il en sera expédié bien davantage
quand, la frigorification aidant, la saison chaude

ne sera plus pour interrompre les expéditions.

Nous avons, dans les différents chapitres antérieurs, montré toujours, malheureusement de façon un peu sommaire, combien le développement de la consommation des denrées alimentaires en France, l'ouverture de nos frontières douanières pouvaient servir aussi bien à notre domaine colonial et à nos colons qu'aux producteurs étrangers proprement dits (et aussi aux consommateurs français). Or la question des œufs nous est une occasion de faire la même remarque, et notamment pour un de nos domaines coloniaux (qu'on nous permette d'employer ce mot) les plus récemment acquis : nous avons en vue le Maroc. Les œufs sont en effet devenus très rapidement un des principaux articles d'exportation du Maroc : à la vérité la Grande-Bretagne et l'Espagne sont demenrées jusqu'à ces temps derniers les grands acheteurs de cette denrée ; mais la rareté des matières alimentaires en France pendant la guerre a détourné une bonne partie de ce commerce vers le territoire métropolitain. Eux aussi les œufs du Maroc, comme les œufs d'Égypte, sont de petit volume, ne pesant guère que 50, tout au plus 55 grammes en moyenne ; mais ils peuvent arriver en bon état, et c'est déjà par dizaines de millions de francs que l'on évalue l'exportation des œufs marocains chaque année.

Certes l'expédition des œufs à longue distance pré-

sente des difficultés ; tout à la fois parce que l'œuf
est essentiellement fragile, qu'il court de grands risques dans les transbordements et les chargements ou
déchargements successifs ; d'autre part, s'il peut supporter plus qu'on ne le pense généralement une
attente assez longue, néanmoins il prend un goût particulier nuisant à sa vente et à sa digestibilité s'il
attend trop ; et lors même qu'il n'est point encore
décomposé, tant s'en faut. On a imaginé toutes sortes
de procédés et d'emballages pour éviter la casse et
assurer la conservation prolongée de l'œuf : nous ne
ferons que les rappeler d'un mot. C'est notamment
une immense caisse de bois plate où l'on dispose les
œufs en couches superposées isolées par des lits de
paille, contenant souvent jusqu'à 1.440 œufs ; souvent
la paille est remplacée par la paille de bois bien
connue. Il est du reste indispensable de bien choisir
paille ou paille de bois, si on ne veut pas que la
moindre odeur pénètre à travers la coquille de l'œuf.
Il y a beaucoup de procédés de soi-disant conservation consistant à enduire cette coquille de tel ou tel
produit ; mais ils ont souvent des inconvénients. Au
surplus, il ne faut pas oublier que, pour la consommation courante, même pour la pâtisserie et la fabrication des biscuits, on se trouve très bien, pour les
transports à grande distance, d'expédier ces œufs
cassés et débarrassés de leur coquille, et enfermés en

vrac dans d'immenses caisses de fer-blanc rappelant les caisses à conserves.

Si l'on ajoute à cela que l'on peut disposer maintenant méthodiquement des transports frigorifiques, au fur et à mesure que leur emploi se généralisera pour les denrées diverses, on comprend que les pays même extrêmement lointains sont en état de fournir aux besoins alimentaires de la France au point de vue qui nous préoccupe en ce moment. C'est à ce titre que l'on peut largement mettre à contribution la Chine, qui, depuis déjà longtemps, expédie sur nos marchés, sur les marchés anglais, de ces œufs en vrac dont nous parlions tout à l'heure. Il y a déjà en Chine au moins une vingtaine d'entreprises qui se spécialisent pour les expéditions d'œufs sur l'Europe (en comprenant celles qui envoient des blancs et des jaunes séparés, les blancs étant souvent transformés en albumine séchée), ou qui expédient des jaunes surtout pour les usages industriels (tannage, etc.). C'est du côté de Nanking, de Hankéou, de Chinkiang que ce commerce se développe le plus. Le port de Sbanghaï fait des expéditions considérables de ces œufs sous toutes les formes, et l'on estime que ces ventes représentent de quelque 24 à 25 millions de douzaines chaque année.

Nous ne pouvons naturellement donner que des indications très rapides sur ces questions si vastes en réalité. Déjà les États-Unis font appel aux œufs chinois. La France peut en faire autant. Et non seulement elle doit recourir à ces œufs chinois, mais à ceux de tous les pays susceptibles d'aider à bon compte à son alimentation.

CHAPITRE VIII

LA VOLAILLE DE CHOIX
ET LA VOLAILLE A BON MARCHÉ

De façon générale la volaille en France est un aliment considéré comme de luxe ; et le fait est qu'elle est toujours d'un prix élevé, même en période ordinaire ; son prix ayant monté considérablement depuis quelques années, au fur et à mesure que l'élevage en France des volailles qui alimentent la consommation pour la plus grosse part se fait de façon vraiment industrielle, et que l'on obtient de la sorte de belles volailles engraissées. C'est précisément pour cela que, pour la volaille encore bien plus que pour les œufs, la spécialisation peut jouer. La France est tout indiquée pour vendre davantage à l'extérieur ces volailles de choix déjà si appréciées, ce qui ne l'empêchera pas, tout au contraire, à l'instar du Danemark introduisant chez lui des beurres, de recourir, pour la consommation mettons populaire, pour la consommation à bon marché, à des volailles d'origine étrangère.

Dans une étude sur l'industrie avicole en France à laquelle nous avons fait quelques emprunts plus haut, M. Lair insistait sur la supériorité intrinsèque de la volaille française, procédant peut-être, disait-il, de la délicatesse de notre palais et de notre gourmandise. Cette supériorité justifie ce que nous disions, et pourra tranquilliser ceux qui verraient déjà la volaille étrangère largement introduite sur nos marchés tuer l'industrie avicole française. Mais il faut songer que les bourses modestes sont bien obligées de ne pas avoir les mêmes raffinements que les gens à ressources plus larges; la démonstration en est faite pour la viande frigorifiée. Et M. Maurice Lair, avec un certain regret d'ailleurs, constatait que depuis plusieurs années notre pays était, comme il disait, (suivant la formule aussi célèbre que fausse) *tributaire* de l'étranger au point de vue des produits de l'aviculture. Il constatait, ce qui est logique, que nos importations avaient augmenté surtout depuis une vingtaine d'années, et sous l'influence de ce que l'on a appelé la crise de la « vie chère » (comme si la vie n'était pas toujours trop chère) !

En 1893 encore nous n'importions pas en effet 800.000 kilogrammes de volaille morte, l'importation de la volaille vivante étant de moins de 900.000 kilos. Les deux chiffres ont atteint 1.140.000 et 1.120.000 kilogrammes en 1907, 1.700.000 et 1.300.000 kilos en 1911. Il n'y avait pourtant guère que trois pays alimentant de façon un peu importante cette importation de volaille étrangère ; d'une part la Belgique, puis la Grande-Bretagne, et quelque peu l'Allemagne. Il va sans dire (car c'est une observation que l'on pourrait répéter pour toutes les denrées alimentaires, et en dépit des affirmations protectionnistes) que, si ces introductions se faisaient de plus en plus importantes, c'est que le consommateur les réclamait, et qu'elles répondaient à un besoin véritable ; que la production intérieure était insuffisante. Pour notre exportation de volaille, bien que portant toujours sur des qualités extrêmement appréciées, elle a plutôt eu tendance à diminuer pendant la même période, en dépit d'un petit relèvement assez récent. En 1893 nous expédiions, soit en volailles mortes, soit en volailles vivantes (commerce beaucoup moins important), quelque 5 millions 1/2 de kilogrammes ; en 1903 nous retrouvions sensiblement le même chiffre ; en 1911 on arrivait assez péniblement à 6.600.000 kilogrammes. Et pourtant nos volailles de la Bresse, nos poulardes du Mans, nos oies du Midi, nos dindons de la Sologne sont particulièrement appréciés à l'étranger, notamment des Anglais ; et sur ce marché britannique, on peut, en temps ordinaire, autant que l'on veut, augmenter les expéditions sans avoir grande crainte de faire baisser les prix;

parce que la masse des consommateurs est habituée
à se satisfaire largement, en réclame des quantités
extraordinairement abondantes. C'est là ce qui confirme ce que nous disions tout à l'heure : nos éleveurs de volailles de la Sologne, de la région du
Mans, de la Bresse, du Poitou, des Charentes, du
Berry, de la région de Rouen, peuvent, s'ils le
veulent, ne redouter nullement l'introduction de la
volaille étrangère, en perfectionnant encore leurs
méthodes d'élevage, en développant la production,
et en prenant les mesures voulues pour atteindre les
marchés de consommation où ils trouveront des acheteurs à larges _ressources_, disposés à payer un bon
prix de la volaille exceptionnelle.

Assurément les volailles que le consommateur
français pourra demander, demande déjà en quelque
quantité à l'étranger, ne sont point de qualité exceptionnelle ; mais elles peuvent, dans de très bonnes
conditions, assurer son alimentation, en complétant
sa ration carnée et en la variant. Et comme en
matière d'œufs — on comprend pourquoi — les ressources sont déjà nombreuses, elles sont susceptibles par ailleurs de se développer largement. Des
essais de statistiques ont été faits à cet égard auxquels il ne faut pas attacher une valeur absolue, mais
qui sont néanmoins suffisamment indicatifs. Le
Danemark possèderait quelque 12 millions de poules,

la Hollande 5 millions au moins, le Canada de
16 millions à 17 millions, alors que cependant les
industries secondaires de la ferme ne sont pas encore
très développées dans ce pays. Aux États-Unis, où
l'on a commencé d'industrialiser l'élevage de la
volaille comme le reste, on compte quelque 240 millions de poules. Dans les différents pays d'où nous
suivions tout à l'heure l'exportation des œufs à destination de grandes nations européennes, on peut
consacrer une partie de l'industrie avicole à la production de la volaille proprement dite, au lieu de
l'élevage de poules pondeuses. Et si nous reprenions
l'exemple de la Chine, nous verrions qu'une foule de
pays sont susceptibles de se livrer à l'élevage du
canard pour nous expédier ce volatile, excellente denrée alimentaire, à bas prix et dans de bonnes conditions, toujours grâce à des moyens de transport bien
organisés, et complétés par des entrepôts de réfrigération, d'attente, de distribution au consommateur.

Nous pouvons considérer l'exemple de deux autres
pays dont nous parlions tout à l'heure à propos des
œufs, et où nous allons saisir sur le vif le développement de l'élevage de la volaille et de son commerce
d'exportation sur les marchés extérieurs.

Voici d'abord la Russie, dont d'ailleurs les importations de volaille en France n'ont jusqu'à ces dernières années représenté qu'un chiffre très faible, non

pas comme conséquence de la distance, mais par
suite de la maladresse que nous mettions à établir
des relations avec une contrée qui nous était très
sympathique, et aussi des obstacles réciproques que
le tarif douanier très élevé dressait entre les deux
nations. Il y avait manque d'organisation et d'outillage, comme le faisait remarquer il y a trois ou
quatre ans la Chambre de commerce russo-française
de Saint-Pétersbourg ; elle rappelait que la réfrigération aurait été tout indiquée pour des produits
aussi facilement périssables que la volaille, et que la
France ni la Russie n'avaient su, en l'espèce, profiter des avantages offerts par l'industrie du froid. Elle
insistait sur ce que, dès cette époque, des besoins de
plus en plus étendus de la classe ouvrière auraient
dû susciter ce commerce et le développer.

On importait bien en France un peu de volaille
vivante ; mais, pour la volaille morte, les chiffres
étaient particulièrement faibles. Pendant ce temps
la Russie expédiait, en 1911, plus de 6 millions 1/2
de roubles de volaille, dont 3 millions 1/2 sur
l'Angleterre. Le commerce russo-français était absolument insignifiant en la matière. Le marché
anglais occupait du reste une place très importante,
même comme intermédiaire pour ce trafic, parce
que l'organisation était déjà des plus rationnelles, et
que, depuis des années, certains commerçants anglais

ont installé des entrepôts frigorifiques sur les lieux de production, notamment l'Union Cold Storage Company à Kourgan, à Riga, à Kozlof, à Saint-Pétersbourg. Chose bizarre, une bonne partie des poulets russes qui s'introduisaient néanmoins en France étaient passés par la Grande-Bretagne, pour bénéficier de cette organisation des transports frigorifiques, mais en étant grevés de frais qui en relevaient le prix. Si on développe ces ventes en France, on peut, si on le veut, arriver aisément à expédier à un prix bien inférieur des quantités considérables de volaille russe congelée ou réfrigérée sur notre marché français. Et ces viandes, si on nous permet le mot, s'offriraient en un état bien plus satisfaisant pour le consommateur, puisque ce ne serait plus ce que le marché anglais n'accepterait pas qui nous serait envoyé uniquement. Au surplus ce que nous avons dit antérieurement de l'élevage de la volaille en Russie, en Sibérie, de son développement, laisse bien augurer de l'importance que pourrait prendre l'importation de la volaille russe en France pour l'alimentation des classes ou populaires ou du moins à bourse modeste, ce qui est plus juste.

Qu'on nous laisse ajouter deux ou trois chiffres bien concluants. Depuis 1880, le commerce d'exportation de la volaille russe a accusé un accroissement véritablement extraordinaire. Au début de la période, cette

exportation ne représentait guère que 50 à 65 millions
de francs ; elle atteignait au moins 250 à 260 millions
en moyenne ces dernières années. Encore l'industrie
de l'élevage est-elle uniquement aux mains des
paysans, qui ne la pratiquent pas vraiment indus-
triellement, avec des méthodes perfectionnées ; elle
peut être transformée de la façon la plus heureuse,
notamment pour le consommateur, si quelques capitaux et surtout des connaissances professionnelles
sérieuses s'y consacrent.

Le second exemple que nous voulions prendre est
celui de l'Égypte. On sait sans que nous y insistions
la facilité des communications entre ce pays et la
France, précisément par la navigation maritime, qui
rend elle-même si aisées les installations frigorifiques. Nous avons vu déjà que l'élevage de volaille
se développe considérablement en Égypte pour la
fourniture des œufs aux marchés européens. Cet
élevage peut se poursuivre en vue de la production
de la volaille même, sa vente en nature, et non plus
seulement celle des œufs. Les producteurs de volaille
égyptiens ont déjà une clientèle fidèle dans les grands
hôtels du Caire et de la Haute-Égypte, ce qui veut
dire qu'ils sont susceptibles de fournir de la volaille
se présentant bien aux consommateurs civilisés ; des
installations frigorifiques existent au Caire, dont l'Association française du Froid signalait la création et

l'intérêt général. L'atteinte du consommateur français par la volaille égyptienne peut se faire dans d'excellentes conditions au point de vue sanitaire, alimentaire, et, ce qui est au moins aussi important, au point de vue du prix de revient et par conséquent du prix de vente.

Ici encore, le froid aidant certainement, avec l'organisation commerciale et la liberté commerciale, l'alimentation du Français peut se transformer, se compléter, s'enrichir de la façon la plus heureuse, sans nécessiter une augmentation proportionnelle dans les dépenses.

CHAPITRE IX

L'ALIMENTATION EN LAIT
SES DIFFICULTÉS. — SES POSSIBILITÉS

Il semble vraiment qu'on soit assez mal venu à parler de mise à contribution de ressources extérieures, et forcément assez lointaines, pour une denrée alimentaire de conservation essentiellement délicate, une denrée tout à fait périssable comme le lait considéré en nature.

Mais que l'on se rappelle ce que nous avons dit, et surtout ce qui a bien été démontré et par l'Association française du Froid et par tous ceux qui se sont occupés de frigorification depuis quelques années en France et ailleurs : si on ne s'en tient pas aux méthodes absolument barbares de ramassage et de transport du lait telles qu'elles sont pratiquées en France notamment pour l'alimentation de grandes villes comme Paris, il n'y a rien à craindre au point de vue technique à faire venir le lait de loin, d'aussi loin presque qu'on peut le désirer ; en s'en tenant pourtant dans les limites où le prix du transport,

majoré du prix de revient des installations, intérêt et
amortissement, rendrait le prix de vente de cette denrée presque prohibitif pour le consommateur.

Ce n'est guère à un public français, on pourrait
même dire européen, que l'on a besoin de faire l'éloge
du lait comme matière alimentaire : on sait combien
il est mis à contribution par la plupart des populations
d'Europe, les services qu'il rend à l'alimentation non
pas seulement des nouveau-nés et des enfants, mais
même des adultes ainsi que des vieillards. Sans
doute si nous consultions les traités d'hygiène, et
surtout les traités de médecine, nous verrions que le
médecin moderne en est revenu quelque peu, peut-
être à son tour avec exagération, de la facilité avec
laquelle autrefois on imposait le régime lacté à tous
les malades. Mais, toute exagération mise à part, il
est bien certain que le lait rend des services précieux,
certain aussi que le consommateur le réclame en
abondance, en abondance croissante même. La
preuve en a été faite pendant la période de guerre à
Paris et dans les grandes villes françaises : chaque fois
que les arrivages de lait se sont quelque peu raréfiés
ou même simplement retardés, les réclamations les
plus vives se sont manifestées dans tout le public des
consommateurs.

Il serait curieux à ce propos de se reporter une
fois de plus à cette étude sur la Géographie de l'ali-

mentation humaine, due à M. Woeikof, que nous avons utilisée plusieurs fois; on n'y verrait pas seulement comment, pendant le XIXᵉ siècle et le commencement du XXᵉ, l'emploi du lait et du laitage s'est considérablement répandu sur notre globe ; comment, suivant le mot de notre confrère, se passer de lait ou de crème pour le café au lait ou le chocolat du matin, est un véritable malheur, notamment pour les habitants du Nord, de l'Ouest et du Centre de l'Europe, aussi bien que pour ceux des colonies européennes de l'Amérique du Nord et de l'Australie. On y constaterait comment le goût pour le lait et le laitage ont donné lieu à la naissance d'un commerce énorme de lait condensé. On y verrait également comment une multitude de pays ont introduit chez eux de bonnes vaches laitières, afin de répondre à la consommation locale, de permettre de développer les ventes à l'étranger. De plus, en même temps que l'on constaterait l'accroissement de la production laitière chez chaque animal par suite d'une sélection et d'une nourriture mieux choisie, on s'apercevrait que, dans beaucoup de pays, la masse de la population s'est mise à apprécier le laitage au fur et à mesure que, devenant moins pauvre, elle peut en consommer davantage.

La mise à contribution de régions productrices éloignées est déjà chose classique en matière de lait. Nous

en trouverions des preuves tout à fait caractéristiques pour l'alimentation aussi bien de l'immense
New-York et de ses vastes faubourgs que de Berlin.
En France même nous avons l'exemple typique de
Paris, qui fait appel à une surface de plus en plus
vaste pour l'alimentation en lait de sa population ; ce
lait venant de distances de plus en plus considérables,
comme conséquence tout à la fois des efforts faits en
la matière par les compagnies de chemins de fer
créant des trains spéciaux rapides, et de la difficulté
que l'on a de plus en plus de trouver, dans le voisinage relativement proche, des fermes et des entreprises laitières fournissant en quantité suffisante la
précieuse denrée. Le problème se complique en France
de ce que le ramassage du lait entraîne des dépenses
toujours plus élevées, à cause de la surface sur
laquelle on doit opérer, et aussi de la peine avec
laquelle on se procure de la main-d'œuvre pour cette
industrie très spéciale.

Il faut bien dire que le ramassage ne se fait pas
sur les bases d'une organisation scientifique, nous
entendons technique perfectionnée ; souvent on pré-
fère à la campagne pratiquer l'industrie beurrière
beaucoup plus lucrative, et les fermes où l'on peut
recueillir le lait deviennent plus rares, doivent être
par conséquent cherchées plus loin. Il en résulte
inévitablement une montée des prix à laquelle le

consommateur refuse souvent de se soumettre. Le seul remède, plutôt que d'essayer de développer la production laitière proprement dite sur notre territoire, c'est tout simplement de recourir aux pays étrangers, aux ressources extérieures comme nous l'avons dit ; là où le lait peut être produit en très grande quantité par des troupeaux abondamment nourris sur de vastes surfaces qu'on peut leur consacrer.

La question est si grave que l'ancienne Société nationale d'Agriculture, c'est-à-dire l'Académie d'Agriculture, dans le courant de 1915, a mis à l'étude la question de l'approvisionnement de Paris en lait, qui a fait l'objet d'un travail remarquable de M. Lucas, ingénieur-agronome. Que l'on songe que la consommation parisienne moyenne et quotidienne dépasse normalement et de façon très sensible 1 million de litres ; dans le courant d'une année, les compagnies de chemins de fer introduisent dans Paris à peu près 380.000 tonnes du précieux liquide, dont 142.000 proviennent du réseau de l'État, 70.000 du réseau d'Orléans, un peu moins du réseau Paris-Lyon-Méditerranée, à peu près autant du Nord et sensiblement moins de l'Est. Mais on a beau lancer des trains à vitesse accélérée et à marche régulière, partant à des heures convenables des gares expéditrices et centralisatrices de collecte après la traite

du soir; le lait n'en est pas moins transporté dans
des bidons exposés directement à l'air extérieur, et
point du tout dans des wagons réfrigérants. Il faut
que ce lait arrive à Paris vers 2 heures du matin
pour être distribué dans la clientèle à l'heure du petit
déjeuner; et l'on se voit dans la nécessité d'aller chercher le lait nécessaire de plus en plus loin. C'est ainsi
que sur le réseau d'Orléans autrefois on ne dépassait
pas Artenay, c'est-à-dire une centaine de kilomètres
de Paris; en 1900 il fallait aller le chercher jusqu'à
Bonnevale, à 120 kilomètres; en 1909 à Mer-sur-
Loir, à 159 kilomètres; et en 1915 on a dû pousser
jusqu'à Châtellerault, à 299 kilomètres de la capitale
et du centre de consommation. On doit donner aux
trains de lait une vitesse commerciale atteignant
40 à 45 kilomètres à l'heure pour que les résultats
soient bons; et le maintien de cette vitesse entraîne
des dépenses beaucoup plus élevées que ne le ferait
l'emploi de la réfrigération, se substituant aux wagons
à claires-voies ventilés simplement de façon naturelle.

La solution semble s'imposer : recourir aux transports frigorifiés; avec transports scientifiquement
organisés, on peut pousser la récolte du lait jusqu'à
des distances considérables; maintenu à bonne température, il se conserve presque indéfiniment.

Le recours aux pays étrangers est déjà pratiqué

par l'Allemagne. Il est vrai que le pays étranger mis
à contribution n'est pas très loin : nous visons le
Danemark, qui envoie couramment des quantités
considérables de lait sur la capitale allemande.

Il va sans dire que, en dépit de l'expansion remar-
quahle de telle ou telle industrie agricole et notamment de l'industrie laitière dans certains pays
européens, expansion déjà réalisée ou en voie de réali-
sation, il est plus logique de s'adresser franchement
à des pays plus neufs, où la population est plus rare,
où le troupeau de vaches laitières peut se développer
sans que les besoins propres de la population absor-
bent en très grande partie la production du lait. Et
à ce titre nous pourrions penser tout aussi bien à
l'immense Russie et à son annexe la Sibérie (que
nous visions tout à l'heure pour la volaille et pour
les œufs) qu'à des contrées plus lointaines encore
comme l'Afrique du Sud, l'Argentine, les Républiques
de l'Amérique du Sud possédant un vaste troupeau,
qui fournit ou peut fournir aux besoins d'alimentation carnée, mais dont une transformation assez
simple permettra de tirer parti au point de vue de la
production laitière.

Nous ne pouvons nous livrer à toute une étude de
l'industrie de l'élevage et de l'industrie laitière dans
l'Empire russe. Que l'on songe que l'effectif minimum du troupeau de bétail de la Russie, y compris

la Sibérie et l'Asie Centrale, dépasse certainement
49 millions de têtes de bêtes à corne. Pour la
Sibérie le chiffre est encore au-dessous de 5 millions et demi de têtes ; mais rien n'est plus facile que
de développer ce troupeau, on peut même dire que
c'est l'inévitable à très bref délai. On considère avec
raison la Russie et la Sibérie comme les producteurs
de lait les plus importants de toute l'Europe ; le
paysan russe ayant à sa disposition non pas seulement le lait de vache, qui sera seul sans doute à se
vendre à l'extérieur, mais le lait de chèvre, le lait
de brebis, sans parler des juments, des ânes, même
du chameau. Chaque paysan russe possède au moins
une vache ; jusqu'à présent il a le plus souvent consommé le lait pour son alimentation propre, parce
qu'il lui manquait d'autres produits d'alimentation.
Mais le jour où il trouvera avantage à céder une
partie de ce lait ou même à développer la production
laitière de sa ferme, parce que la vente du lait lui
fournira un article d'échange pour se procurer
d'autres denrées alimentaires, l'expédition du lait
sur l'extérieur se fera avec autant de facilité et d'ampleur que l'expédition du beurre, du fromage. Déjà
certaines entreprises se sont fondées en Russie pour
la préparation du lait condensé ; mais quelles que
soient les qualités de celui-ci, le consommateur pré-
fère le lait frais ; on peut le lui fournir en prove-

nance de Russie, du moment où l'on organise les installations techniques nécessaires pour cela, usines de réfrigération, moyens et matériel de transport, etc.

Dans les pays de l'Afrique du Sud, un peu dans toute l'Union Sud-Africaine, l'élevage du bétail, qui s'y développe de jour en jour, et les industries de la ferme, qui s'étendent comme nous l'avons montré en parlant de la production des œufs, peuvent contribuer puissamment à répondre aux besoins de lait dans les vieux pays de l'Europe, spécialement en France. Sans doute on ne compte guère dans l'Union Sud-Africaine plus de 6 millions de têtes de bêtes à corne; mais, sur ce total, il y a près de 2 millions de vaches laitières; et encore les chiffres que nous donnons sont ceux du recensement de 1911. Les évaluations les plus vraisemblables laissent penser que ce troupeau s'est formidablement développé en quelques années. Nous verrons tout à l'heure que cela permet déjà à cette Union Sud-Africaine de produire et du fromage et du beurre en quantité considérable et constamment croissante. Pour ce qui est spécialement du Natal, que nous pouvons prendre comme type de ces pays sud-africains, son industrie laitière se développe de façon curieuse; et certaines grandes compagnies se fondent déjà pour l'exploiter sur un pied largement industriel : ce Natal, comme le faisait remarquer récemment un consul des États-Unis, M. William Masterson, en tire des profits vraiment remarquables.

Les compagnies laitières ont le talent d'intéresser les fermiers auxquels elles achètent le lait en gros par des répartitions de bénéfices extraordinaires à la fin de l'année. On constate que ce n'est pas seulement sur le haut plateau, mais même dans les terrains du littoral que l'élevage peut se faire dans d'excellentes conditions. On s'est même mis à pratiquer les irrigations pour obtenir des fourrages artificiels, de façon à développer l'élevage à l'aide de la luzerne, du maïs, de l'avoine, etc., un peu à l'instar de ce qui s'est fait dans la République Argentine.

Ce qui se passe pour le Natal peut également se faire pour bien des régions de l'Afrique du Sud. Mais cette manifestation particulière de l'industrie laitière est encore bien plus aisée en Argentine, et aussi dans une série de pays de l'Amérique du Sud où le troupeau s'est considérablement transformé, où l'on a des bêtes de choix, où l'on commence depuis longtemps à produire le lait, à produire même, comme nous le verrons, le beurre et les fromages ; d'autant que la consommation indigène s'est accrue extraordinairement en la matière, amenant les producteurs locaux à faire leur apprentissage, à poursuivre la production du lait et aussi des produits obtenus par traitement du lait.

C'est pour cela que des publications très spéciales et très autorisées comme la *Review of River Plate* s'intéressent tout particulièrement au développement de cette industrie laitière, que le Gouvernement suit à l'aide de statistiques assez bien faites, assez complètes. Le progrès s'accomplit rapidement, puisqu'en 1911 par exemple le nombre des grands établissements se consacrant à l'industrie laitière n'était que de 1.160, tandis qu'on arrivait déjà à 1.259 en 1912. Le nombre des crémeries était passé de 398 à 525 ; nous verrons tout à l'heure ce qu'il en est des beurreries. On estime actuellement que la valeur primitive des laits argentins pris sur les fermes représente beaucoup plus de 30 millions de francs. C'est du reste surtout dans la province de Buenos-Aires, qui est plus près de grands centres de consommation comme la capitale, que cette production du lait s'est développée : les statisticiens affirment, sans qu'il y ait là autre chose que des approximations, que la production du lait dans la République Argentine serait actuellement de bien près de 400 millions de litres chaque année. Détail très indicatif : la puissante Société Rurale argentine a organisé, au commencement de 1914, une exposition spéciale de vaches laitières, pour inciter les fermiers et les agriculteurs à améliorer et à augmenter leur troupeau.

Du reste tout se tient en ces matières économiques, commerciales et industrielles, et l'existence, le déve- loppement pour demain d'une flotte frigorifique de plus en plus puissante, se consacrant en très grande partie au transport des viandes, peut être aisément solidaire de l'installation réfrigérante nécessaire à bord de ces bateaux, dans une partie de leurs cales destinées au transport du lait vers l'Europe. Que l'on ne demeure pas sceptique en présence de cette affir- mation, si l'on songe au courant prodigieux de viande réfrigérée qui s'est fait de l'Argentine et de toute l'Amérique du Sud, en même temps que de l'Australie, vers la Grande-Bretagne, sous l'influence de l'admirable découverte de notre compatriote Tel- lier.

CHAPITRE X

LE BEURRE
LES GRAISSES ALIMENTAIRES

Nous disions que la fabrication du beurre était beaucoup plus attrayante, plus intéressante, c'est-à-dire plus rémunératrice que la production et le commerce du lait en nature; c'est donc laisser pressentir que l'alimentation en beurre de la France (beurre à bon marché si l'on veut, de qualité évidemment inférieure aux beurres extra d'Isigny et autres qui sont si appréciés sur les marchés étrangers et sur les tables des gens à larges ressources) peut être alimentée beaucoup plus facilement que le commerce du lait. Quant au transport de ce beurre, même aux plus longues distances, la preuve est amplement faite de sa possibilité par les fournitures de beurre, spécialement à la Grande-Bretagne, dues à l'Australie aussi bien qu'à la Sibérie et à beaucoup d'autres pays; nous ne sommes même pas ici en présence de premières tentatives timides, nécessitant encore une mise au point. Le domaine a été amplement exploré ; on sait où l'on va, et l'on est sûr de la bonne conservation des beurres expédiés aux plus longues distances, vers les marchés où des consommateurs sont mis en mesure de se procurer à bon prix un complément alimentaire véritablement indispensable.

Nous n'avons pas à rappeler le rôle que le beurre joue au point de vue alimentaire : tous les hygiénistes l'ont montré, et nous n'aurions à ce propos qu'à renvoyer à certaines des sources que nous mettions à contribution en commençant ce volume. Ce qu'on peut appeler la richesse de l'alimentation britannique est faite en partie de cette abondance de la consommation du beurre même par des bourses très modestes ; la tartine beurrée avec le thé fournissant aux milieux ouvriers une ressource alimentaire précieuse à tous égards.

Evidemment il ne manque pas de pays où, dans la préparation de la cuisine notamment, on recourt à la graisse ou à l'huile et non point au beurre ; mais il semble que ce soit surtout parce que, dans ces pays, l'on ne sait pas ou l'on ne peut pas fabriquer le beurre ; et dans les contrées à climat chaud, par exemple les Antilles, on cherche bien à se procurer cette denrée, en recourant notamment aux beurres danois conservés en boîte, revenant cher et ne présentant pas toutes les qualités du beurre frais

ou tout au moins maintenu frais grâce à la frigorification. Ce qui est certain c'est que, pour ce qui concerne la France (qui nous intéresse spécialement ici),
ce ne sont point les consommateurs qui manquent
pour les beurres que l'on pourrait envoyer dans notre
pays : suivant le phénomène économique général de
l'infraproduction, ce sont bel et bien les beurres qui
sont en quantité insuffisante et tout à la fois de prix
trop élevé pour qu'une bonne partie des consommateurs puissent en absorber tout ce qu'ils voudraient
introduire dans leur alimentation normale.

Au surplus pour le beurre comme pour les œufs
et comme pour d'autres denrées, la production française s'accuse comme parfaitement insuffisante, puisqu'elle n'est même plus susceptible de répondre à
l'assez gros commerce d'exportation que nous faisions jadis sur le marché anglais. Il est vrai de dire
que le prix de notre beurre sur ce marché anglais a
baissé très sensiblement, parce que, en cette matière
comme en d'autres, nous n'avons pas su lutter contre
la concurrence de pays étrangers tels que le Danemark ou l'Australie, sauf bien entendu pour des
beurres de premier choix où nos producteurs d'Isigny, de Gournay, sont demeurés le plus souvent
maîtres.

Si l'on se reporte aux statistiques douanières, et
aussi à une étude fort complète et intéressante

publiée récemment sur le commerce de la France avec les pays étrangers dans le *Bulletin de statistique du Ministère des Finances*[1], on constate que l'exportation du beurre français représente bien encore un chiffre assez important qui tourne aux environs de 20 à 22 millions de kilogrammes chaque année ; que par contre l'importation ne dépasse guère 5 à 8 millions de kilogrammes annuellement. Mais cette faible importation ne prouve pas que le recours aux ressources extérieures en la matière ne se développerait pas puissamment si les tarifs douaniers n'empêchaient pas les beurres étrangers de venir ; et d'autant plus qu'ils sont susceptibles de se vendre à bon marché, d'alimenter les consommateurs modestes ; d'autant que la production intérieure n'est pas extrêmement élevée, et qu'elle ne saurait se vendre à prix comparable, la France étant beaucoup plus adaptée à faire des beurres chers que des beurres bon marché.

Les statistiques officielles du Ministère de l'Agriculture évaluent la production annuelle du beurre en France à quelque chose comme 130 millions de kilogrammes ; on voit immédiatement que cela ne correspond pas à une consommation individuelle et annuelle bien élevée. On pourrait certainement ici,

---

1. Voir numéros de mars et de juin 1916.

suivant un phénomène économique de spécialisation sur lequel nous sommes revenus mais sur lequel on ne saurait trop revenir, fabriquer en bien plus grande quantité des beurres de qualité susceptibles d'être vendus chèrement sur certains marchés extérieurs où les consommateurs de luxe ne manquent point, tout en laissant s'introduire en France les beurres ordinaires, qui eux trouveraient une clientèle parmi les gens incapables d'acheter les beurres français relativement chers. Que l'on se rappelle toujours cet exemple anglais si caractéristique : la Grande-Bretagne n'a pas vu son agriculture, son élevage, son industrie laitière disparaître, nous en avons donné quelques preuves, et il serait facile de les développer. Elle consomme chaque année plus de 300 millions de kilogrammes de beurre, et sur ce total 200 millions environ proviennent de l'étranger. Rappelons, à propos de ce que nous disions du marché extérieur partiellement perdu par nous, que, jusque vers 1889, la Grande-Bretagne achetait en France à peu près le tiers des beurres qu'elle importait. Si nous voulons, nous pouvons reconquérir en partie le marché, lui fournir des beurres supérieurs, en bénéficiant de ce que la consommation du marché britannique est toujours susceptible de prendre plus d'ampleur ; vendre encore une fois les beurres chers à l'extérieur, acheter à l'extérieur, pour ainsi dire,

par un phénomène d'échange, les beurres à bon
marché.

Les fournisseurs possibles de beurre ne sauraient
nous manquer, bien que l'Anglais soit un rude con-
-sommateur, qui fait appel pour la plus grosse partie
à tout le beurre disponible sur les marchés étrangers
de production tels que l'Australie, la Russie, la
Sibérie, le Danemark, l'Afrique du Sud, le Canada.

Mais l'exemple de ce qui s'est passé pendant la
guerre 1914-1916 pour les viandes réfrigérées, démontre bien que les producteurs, dès que la consommation fait mine de se développer, dès que le
consommateur fait appel à leurs talents, c'est-à-dire
à leurs facilités productrices, se hâtent de prendre
des mesures en conséquence, et arrivent toujours à
accroître rapidement la production, à satisfaire
presque tout de suite, au moins partiellement, à ces
réclamations de consommateurs nouveaux.

Pour ce qui est de la Russie, le beurre y occupe
une place de plus en plus importante dans son
exportation, et le phénomène a été accusé à plusieurs
reprises dans le *Bulletin de l'Office d'information
pour le commerce extérieur* de Saint-Pétersbourg. En
1901 par exemple, il ne s'exportait guère hors de
Russie que 1.700 ponds (d'un peu plus de 16 kilogrammes) de beurre sur l'étranger ; dès 1908 on
dépassait largement 3.100.000 pouds ; en 1911 on

était à près de 4.700.000 ponds ; ce sont des chiffres totaux qui comprennent du reste les beurres venant de Sibérie. Ces beurres n'étaient pas très chers, même à la fin de la période que nous considérons, puisque, sur le marché de Saint-Pétersbourg ou de Riga, ils étaient évalués en moyenne, pour toutes les qualités, à un peu plus de 10 roubles le poud. Mais entre les débuts et la fin de la période considérée les prix avaient augmenté de façon très caractéristique, de 12 roubles 1/2 à plus de 15 roubles le poud, surtout parce que la qualité s'était améliorée, sous l'influence de la concurrence, des réclamations du consommateur étranger, d'une organisation plus parfaite, de l'amélioration des conditions de transport, etc... La moitié de ces beurres environ venait de Sibérie ; les principaux centres de production étaient Omsk, Kourgan. Un grand centre d'exportation était le nord de la Russie d'Europe, dans les gouvernements de Vologda, de Jaroslaw ; nous rappelons d'un mot que les principaux acheteurs étrangers étaient la Grande-Bretagne ; le Danemark, qui alimentait ainsi ses besoins propres, tout en vendant ses beurres chers en Grande-Bretagne ; l'Allemagne.

L'Angleterre s'était décidée à faire venir de plus en plus de ces beurres russes directement chez elle, en créant un courant d'affaires qui lui permettrait de les acheter à meilleur compte. Des maisons de commerce s'étaient mises en relations avec des unions de fabricants de beurre, notamment en Sibérie ; d'autres étaient représentées par des comptoirs ou des agents spéciaux d'achat. Là où les installations réfrigérantes n'existaient point encore, on expédiait le beurre en tonneaux sous la forme de beurre salé, excellent aliment que le marché français est prêt à accepter, nous entendons le consommateur, car jusqu'à présent les importations de beurre russe en France ne représentaient pas plus de 200 quintaux chaque année. A ce propos la Chambre de Commerce russo-française de Saint-Pétersbourg faisait remarquer avec raison qu'une clientèle française des plus étendues achèterait ces beurres étrangers, en les préférant certes à tous les beurres végétaux, et tout simplement parce qu'elle n'a pas les moyens d'acheter des beurres indigènes, inévitablement chers et par leurs qualités et aussi par l'incidence des droits protecteurs. Au surplus le Gouvernement et les administrations de chemins de fer en Russie avaient pris des mesures pour faciliter l'exportation, sous la forme de mise en circulation de wagons réfrigérés, d'établissement d'entrepôts frigorifiques dans les principales gares, de dépôts de glace, de création de trains spéciaux, d'ententes avec les compagnies de navigation ; car très souvent les beurres venaient par mer bien que le gros des expéditions se fît et se fasse encore par chemin de fer.

En ce qui est particulièrement de la Sibérie, le commerce du beurre, en même temps naturellement que sa production, accuse un développement des plus curieux sur lequel le *Bulletin de la Chambre de Commerce russe de Paris* [1] attirait avec raison l'attention. Dans un congrès d'exportateurs tenus à Omsk, on a fourni des chiffres bien typiques sur cette exportation du beurre en 1915, rien que des régions situées sur la ligne ferrée d'Omsk vers la Russie d'Europe et la Russie d'Asie. Les expéditions ont représenté 5.200.000 ponds environ, dont 5 millions à peu près vers la direction de l'Ouest, grande consommatrice comme de juste ; et cependant combien la production et le commerce de cette denrée ne sont-ils pas gênés par l'état de guerre, par la réquisition des chemins de fer, etc... Au moment où nous écrivons, on a dû mettre en circulation sur les chemins de fer sibériens un millier de wagons frigorifiques destinés spécialement au transport des beurres sibériens. Cela laisse augurer d'un bel avenir, surtout si l'on songe à ce que nous disions plus haut du développement possible et inévitable du troupeau de bêtes à cornes en Sibérie, dans un

1. Voir son numéro d'avril 1916.

pays où cette industrie agricole est tout indiquée.

Le marché producteur danois ne présente pas, au point de vue des beurres, le même intérêt que le marché russe ou le marché sibérien, marchés neufs, d'extensibilité pour ainsi dire indéfinie, au moins pendant un bien grand nombre d'années. Néanmoins ce marché danois peut servir à nous procurer des beurres de qualité intermédiaire, même des beurres de belle qualité, dont la production est certainement insuffisante en France, au fur et à mesure que le bien-être augmente. Et quoique les producteurs danois aient étendu déjà dans des proportions formidables leur industrie beurrière, ils peuvent continuer certainement dans la même voie ; il peut y avoir « part à deux » sur leur marché d'exportation ; une partie de leurs expéditions, surtout si la production se développe, sont à même de se diriger sur la France sans que le marché britannique en souffre. Que l'on songe que, en 1906 par exemple, le commerce d'exportation du beurre danois ne dépassait pas 159 millions de livres (livres anglaises de 453 grammes) ; en 1911, dans une étude sur le commerce des denrées périssables du Danemark, M. Sandrier, vice-consul de France à Copenhague, accusait une exportation de près de 90 millions de kilogrammes sur lesquels du reste plus de 81 millions se dirigeaient sur l'Angleterre. Il s'agissait exclusivement de

beurres de qualité conservés dans des chambres frigorifiques, soumis à un contrôle très rigoureux. Ce
commerce s'était déjà puissamment développé ; cependant le Danemark exportait plus de 10 millions 1/2
de kilogrammes de lait, près de 20 millions de
kilogrammes de crème, productions et commerce
qui se font forcément un peu aux dépens de la fabrication et du commerce d'exportation du beurre.
Depuis lors ce mouvement d'exportation, en même
temps que celui du lait ou de la crème, qui se développe parallèlement, a pris une importance nouvelle,
comme on s'en rend compte notamment en se reportant à une étude extrêmement intéressante sur les
laiteries coopératives danoises qui a paru dans le
Bulletin International d'Agriculture de Rome[1]. Ce
beurre danois continue de s'exporter en quantités
énormes sur l'Angleterre, en représentant à peu
près les 2/5 de l'importation totale de beurre sur le
sol britannique, et le double de la quantité importée
de l'Australie, qui occupe pourtant la seconde place
comme pays importateur sur le marché anglais. Il
faut dire que les beurres danois possèdent une uni-
formité, une homogénéité et des qualités exceptionnelles.

Au point de vue de la fourniture du beurre de qua-

1. Voir numéro de décembre 1915.

lité ordinaire, il est évident que nous aurions plus
de facilités, plus de motifs pour nous adresser au
marché producteur australien, où l'on n'est point
arrivé à poursuivre surtout la production d'un beurre
de premier choix, mais la production en quantité de
beurre relativement à bon marché, dont le consommateur anglais sait faire largement usage. Cette
exportation des beurres ordinaires hors du Commonwealth d'Australie, représentait déjà quelque
49 millions 1/2 de livres anglaises rien que pour
les dix premiers mois de l'année 1913, alors que,
pendant la période correspondante de l'année précé-
dente, l'exportation n'avait été que de moins de
43 millions 1/2. Ces deux chiffres accusent immédiatement le progrès qui se poursuit de façon continue.
Les principaux États exportateurs sont la Nouvelle-
Galles du Sud, le Victoria et le Queensland ; pour ce
dernier spécialement les progrès s'accusent avec
une rapidité curieuse, puisque, dans l'espace d'une
seule année, il est passé de moins de 10 millions de
livres à près de 15 millions 1/2 comme chiffre d'exportation. Actuellement celle-ci se dirige surtout
sur la Grande-Bretagne comme de juste, et sur certains pays d'Orient où le beurre manque, précisément par suite des habitudes indigènes et du faible
développement du troupeau. Nous n'avons pas à
dire que ces beurres, qui partent d'Australie en

grandes caisses de 25 kilogrammes environ, sont toujours expédiés dans des cales réfrigérées, c'est-à-dire en tirant parti de tous les progrès techniques, et peuvent arriver par conséquent sur le marché de consommation le plus lointain, que ce soit la France, que ce soit la Grande-Bretagne, en excellent état de conservation, le beurre demeurant tel qu'il était au sortir de la laiterie.

D'après les statistiques officielles des différents États du Commonwealth, l'exportation du beurre a sensiblement doublé rien qu'entre 1900 et 1910 ; et comme l'industrie agricole se perfectionne grandement en Australie chaque année, par abandon des méthodes brutales du début, par création de véritables fermes savamment installées et conduites ; comme les terrains sont encore immenses sur lesquels on peut méthodiquement aussi et scientifiquement élever les vaches laitières ; on est en droit d'espérer que ces pays australiens sont susceptibles d'augmenter dans des proportions presque imprévues jusqu'ici leur production de beurre, et par suite leurs ventes sur les pays étrangers.

Après ce que nous avons dit de l'industrie laitière et de ses progrès dans la République Argentine, et un peu dans toute l'Amérique du Sud, comme conséquence de cette admirable transformation technique de l'industrie plus générale de l'élevage dans les

pays américains et notamment chez nos amis argentins, on est en droit de compter aussi largement
qu'on pourra le désirer sur les beurres de l'Argentine, qui ont commencé d'être expédiés sur les marchés européens, aussi bien que les fromages et
beaucoup d'autres produits dont nous aurons occasion de reparler au moins en quelques mots. Ici
aussi nous nous trouvons en présence de fournisseurs
dont la puissance productive est en état de se développer dans les plus vastes proportions, avec les
conséquences les plus heureuses pour l'alimentation
des Européens, en particulier pour l'alimentation
des Français, désireux, et légitimement, d'augmenter
leur ration alimentaire, amenés comme nous l'avons
dit à le faire inévitablement.

Nous aurions encore à parler de beaucoup d'autres
pays à ce même égard, à commencer par l'Afrique
du Sud dans son ensemble. Précisément dans cette
région du Natal que nous citions à propos de la production du lait, l'industrie laitière elle-même considérée dans son ensemble s'est mise à se consacrer au
moins autant à la fabrication des beurres et des
fromages également qu'à la vente du lait en nature.
Des statistiques qui sont même quelque peu vieillies
à l'heure actuelle, mais qu'il est impossible de compléter par suite des circonstances présentes, indiquent
que la production du beurre dans l'ensemble de

l'Union Sud-Africaine approche de près de 11 millions de livres anglaises ; et ce qui est caractéristique, c'est que plus de 7 millions 1/2 de livres sortent de crémeries, d'installations laitières créées par des capitalistes sur une base de technicité soigneusement étudiée. Ici aussi les entreprises tentées donnent de bons résultats, et le Département de l'Agriculture de l'Union Sud-Africaine a créé une Division spéciale de la laiterie, afin de répandre parmi les fermiers les connaissances professionnelles, d'aider à la création et au développement, dans des centres nouveaux, de fabriques de beurre et aussi de fromage, comme nous le disions.

Quelle que soit l'expansion de l'industrie beurrière dans les pays où la consommation est très inférieure à la production, c'est-à-dire où la production dépasse et dépassera de plus en plus cette consommation indigène, il s'en faut de beaucoup qu'il n'y ait pas intérêt à mettre également à contribution en France certaines graisses alimentaires susceptibles de servir de succédanés au beurre. Nous n'envisageons pas la graisse de porc proprement dite, le saindoux, quel que soit son intérêt dans la préparation de la cuisine et dans l'alimentation. Au surplus ce que nous avons dit de l'élevage du porc et de son développement, laisse supposer forcément que les vendeurs de viande de porc seront naturellement amenés à écouler la graisse de ces animaux sur les marchés étrangers. Ce que nous avons plus particulièrement en vue, c'est ce que nous appelions à l'instant les succédanés du beurre, graisses généralement de nature végétale, qu'il s'agisse de la cocose, de la végétaline, même de la margarine, et des mille et un produits analogues qui ont été imaginés et auxquels on a donné des noms variés, comme marque de fabrique généralement.

C'est qu'en effet, en dépit de l'augmentation de la production du beurre que nous escomptons comme un avenir prochain favorable à l'alimentation française, en dépit du bas prix relatif des beurres venus de l'étranger par rapport au prix normal des beurres d'origine française, il restera un nombre encore très élevé de gens souffrant dans leur alimentation de l'insuffisance de leurs ressources, et naturellement amenés à recourir à ces graisses végétales alimentaires. Ils sont dans l'impossibilité de faire largement appel au beurre même étranger et relativement à bon marché; tout au moins dans la nécessité de compléter les quantités assez faibles de ce beurre qu'ils peuvent acheter, par des rations supplémentaires constituées précisément par les graisses alimentaires dont il s'agit.

Ainsi que le faisait remarquer M. Woeikof dans son étude si intéressante sur la Géographie de l'ali-

mentation humaine, l'homme a cherché dans le
lait, plus exactement dans le beurre retiré du lait,
une graisse de bonne qualité dont l'état de division,
l'état d'émulsion, quand il s'agit du lait tout au
moins, facilite la digestion. Mais il ajoutait, et avec
raison également, que le règne végétal est susceptible
de fournir à l'alimentation humaine une série de
corps gras non moins précieux peut-être. Ce sont
certains de ces corps gras que l'on a utilisés sous la
forme de l'arachide, de la noix de coco, du palmiste,
de l'huile de coprah et d'autres huiles analogues,
dont les désignations sont plus ou moins variables.
C'est avec ces huiles végétales que l'on arrive à
fabriquer les succédanés du beurre auxquels nous
faisions allusion. Et remarquons que, si notre
domaine colonial ne peut guère être mis à contribution, au moins pendant bien longtemps, pour la
fourniture à l'alimentation française du beurre de
lait de vache, il en est tout différemment pour les
succédanés du beurre, pour ces beurres végétaux,
une série de nos possessions coloniales étant susceptible de fournir aussi bien l'arachide, comme le
Sénégal, que les palmistes, l'huile de palmier, etc...
C'est d'ailleurs sur l'utilisation de ces amandes,
comme on dit, contenant une forte proportion d'huile
végétale, que s'est faite en très grande partie la pros-
périté du port et de la région de Marseille ; c'est à

Marseille et dans ses usines si remarquablement installées, que, pour une très grosse part, ces huiles végétales sont transformées de manière à devenir le beurre végétal lui-même, qu'on ne saurait trop mettre à contribution.

L'utilisation du coco en particulier, qu'il vienne de nos colonies ou de pays étrangers, la fabrication du beurre de coco avec la graisse que contient cette amande, est des plus profitables pour le pays d'origine du coco et fournit au consommateur un aliment sain d'un prix modéré. Ce beurre de coco est un corps gras, mais de conservation facile, de digestion plus aisée que beaucoup des graisses animales, dont bien des estomacs se trouvent mieux que des huiles les meilleures comme la très bonne huile d'olive. Saïgon tout comme Ceylan, Java aussi bien que la Côte occidentale d'Afrique peuvent fournir en abondance la matière première de ce beurre de coco, et ici encore la production saura se développer sur une échelle formidable, sans que le prix du produit ait tendance à augmenter, à cause même de l'abondance, et de l'abondance croissante, si l'on veut, de la matière première utilisée. Il est même probable que les prix, en dehors des circonstances exceptionnelles que nous venons de traverser, auront plutôt tendance à s'abaisser, à cause des perfectionnements encore à attendre des procédés de traitement et de fabrication des cocose, végétaline, beurres de coco, beurres végétaux de toutes espèces. Il faut bien s'imaginer que la consommation des beurres de coco est plus développée à l'étranger qu'en France, notamment en Allemagne, au Danemark, en Angleterre, où cependant on a de bons beurres à sa disposition à un prix modéré. L'alimentation française offre un champ d'expansion énorme à ce produit, à cette industrie, et par conséquent aux matières premières susceptibles de l'alimenter.

Nous ne devons pas oublier non plus que cette margarine, excellente graisse alimentaire dont l'Etat, par une réglementation ridicule, avait gêné la consommation sous prétexte de protéger le consommateur, peut nous être fournie en quantité grandissante par l'industrie de la Hollande, qui s'est admirablement spécialisée en la matière.

CHAPITRE XI

FROMAGES A VENDRE, FROMAGES A ACHETER

Nous n'avons guère, pensons-nous, à justifier ce chapitre, auquel nous ne pourrons donner du reste qu'un développement bien restreint : il a été reconnu par tous les hygiénistes alimentaires que le fromage est un aliment excellent. On l'assimile volontiers à la viande de boucherie, il est essentiellement nutritif, et le plus généralement de digestion facile ; il arrive même souvent que certains fromages aident à la digestion des autres aliments ingérés, ce qui explique l'habitude de tant de gens de réclamer comme nécessaire une ration de fromage à la fin du repas.

Toutefois certains de nos lecteurs penseront peut-être, suivant une tournure d'esprit que l'on trouve chez beaucoup de gens et à laquelle nous avons fait déjà allusion comme devant être évitée et combattue, que la France produit véritablement assez de fromage pour sa consommation propre : à la fois à cause de la grande quantité qui se fabrique de cette matière alimentaire chez nous, et de l'exportation assez importante que nous en faisons, et aussi de la renommée légitime de beaucoup des marques de nos fromages. Ce dernier argument ne vaut rien, car il va de soi que ces fromages de marque, à commencer par exemple par le fameux roquefort tout à fait d'origine, se vendent cher même à l'intérieur du pays (on pourrait presque dire surtout à l'intérieur du pays, à cause de l'influence des droits de douane) ; ils ne peuvent être considérés comme un aliment à la portée de toutes les bourses. En année moyenne et au commerce spécial, nous expédions sur l'étranger quelque 170.000 quintaux de fromages divers (dont près de 30.000 rien que sur l'Algérie), mais il faut remarquer immédiatement que l'Angleterre en prend 24.000 quintaux à peu près, la Belgique 40.000, que l'Allemagne en recevait plus de 18.000 ; et que par conséquent les autres pays ne nous achetaient que des quantités restreintes de nos fromages. Or, en développant notre production de choix, en profitant de la renommée de tant de nos fromages que nous n'avons pas besoin d'énumérer, nous pourrions étrangement accroître nos ventes à l'étranger, ventes à prix élevés encore une fois, puisqu'il s'agit de produits de qualité.

Il faut songer d'autre part que, en dépit des droits de douane, nous importions normalement quelque 235.000 quintaux de fromages, surtout des fromages

dits de Hollande et de Gruyère; cela montrait déjà
que notre population (puisqu'il s'agit du commerce
spécial, des marchandises livrées à la consommation
nationale) éprouvait le besoin, pour se mieux nourrir,
de recourir à une certaine quantité de cette précieuse
denrée venant de l'extérieur. Combien n'y recour-
rait-elle pas si cette denrée était moins renchérie
par les taxes à la frontière, et combien, ici comme
dans les autres matières, ne serait-il pas avantageux
de vendre les produits où nous nous sommes créé
une spécialité hors de pair, en nous faisant payer à
l'étranger par des produits à bon marché, de consommation courante, que les bourses modestes réclament en très grande quantité et avec raison.

Nous parlions tout à l'heure de fromages de
Gruyère : et à propos précisément de cette espèce de
fromage les observations sont faciles et caractéristiques. Bien que ce ne soit pas un de ces fromages de
marque exceptionnelle auxquels nous faisions allusion, le prix du fromage de Gruyère (bien entendu
avant la période profondément troublée que la France
et les autres pays viennent de traverser) avait déjà
monté de façon continue et dans des proportions
extrêmement élevées depuis quelques années. Et
cependant la plupart des fromages de Gruyère qui
sont livrés à l'alimentation, même à des prix relativement élevés, sont loin d'être de très bonne qualité.

Mais il y a une sorte de proverbe dans le commerce de l'alimentation, qui dit que le fromage de Gruyère est le fromage le plus fraudé de tous : simplement parce que, pour essayer d'en abaisser le prix, et par suite pour mieux satisfaire le consommateur, pour le mettre à même d'acheter davantage de cette denrée, on est obligé de le fabriquer dans des conditions très inférieures, en pratiquant véritablement des fraudes alimentaires. La consommation du gruyère est certes développée, mais elle le serait bien davantage si l'introduction de gruyère de l'étranger se faisait beaucoup plus largement. Nous n'avons pas à ajouter que l'alimentation serait assurée dans des conditions bien meilleures si les gruyères arrivaient sous forme de produits plus purs : car une des caractéristiques bien connues de ces gruyères fraudés est de présenter une digestibilité très inférieure.

Il est évident que cette question du fromage en général est étroitement solidaire de la question des laits, des beurres, à laquelle nous avons consacré deux chapitres antérieurs. Là où l'industrie laitière se développe, lors même que l'on admet la possibilité absolument sûre d'expéditions de lait en nature à très grande distance grâce à la frigorification et aux moyens de transport perfectionnés, lors même que l'on considère que la production du beurre est susceptible de s'étendre considérablement, en particu-

lier pour satisfaire les estomacs français, trop insuffisamment alimentés comme nous l'avons montré ; un
développement réel de l'industrie laitière dans une
série de pays, développement qui est non seulement
dans les vraisemblances mais dans les certitudes,
sous l'influence d'une demande de la consommation,
est susceptible malgré tout d'assurer un accroissement
très notable de la production des fromages. Le fromage a cette particularité que, de façon générale tout
au moins, sauf des questions de maturation un peu trop
accentuée, il est à même de voyager très facilement,
sans nécessiter des installations de conservation aussi
compliquées que le beurre, à plus forte raison que le
lait. Il est une foule de fromages, comme le fromage
dit de Hollande ou le fromage de Gruyère, qui peuvent être expédiés souvent en vrac dans des wagons,
tout au moins simplement dans des caisses de bois
spéciales ne nécessitant pas d'installations particulières. Ils n'entraînent pas non plus des frais élevés
venant majorer le prix d'un produit provenant d'un
pays lointain, où les conditions spéciales de l'agriculture permettent de se procurer le lait à bon marché,
de fabriquer par conséquent à bon marché également
ment les fromages à expédier sur l'étranger.

Il suffit pour ainsi dire de jeter un regard en
arrière sur ce que nous venons d'écrire, et sur ce
que notre lecteur a peut-être eu la patience de

suivre, pour songer immédiatement à une série de pays dès maintenant susceptibles de nous fournir de ces fromages en abondance et relativement à bon marché, ou tout prêts à développer leur industrie laitière de la façon la plus rémunératrice pour eux, en transformant le lait obtenu dans les fermes, dans les grandes installations agricoles, en fromages de diverses espèces. Aussi bien la fabrication du fromage n'est point exclusive de la fabrication du beurre, puisque, sans entrer dans des détails sur cette fabrication, il suffira de rappeler à nos lecteurs que beaucoup de fromages se font simplement à l'aide de la caséine du lait, sans la mise à contribution de la crème, qui peut être recueillie pour la fabrication du beurre en laissant néanmoins une matière première abondante pour celle des fromages.

Même de vieux pays comme la Hollande, déjà en possession d'un large marché de ventes, déjà possédant une ample population indigène largement consommatrice, déjà produisant des quantités énormes de fromages, sont néanmoins susceptibles de développer encore cette production. Il ne faut pas perdre de vue que précisément un des résultats du progrès technique, et par conséquent du progrès de l'industrie agricole, c'est de permettre d'obtenir de façon beaucoup plus intense, sur une surface donnée, tel ou tel produit; la quantité peut s'en accroître à cause des

perfectionnements de la production, et, en l'espèce,
de l'augmentation de la lactation des vaches, en même
temps que de la possibilité qu'on a de plus en plus
de nourrir les animaux avec une quantité donnée de
matière, en rendant cette matière plus complètement assimilable. Ici encore on a la possibilité de
l'échange, de l'importation des produits étrangers, en
augmentant les ressources alimentaires destinées à
fournir finalement du lait, et enfin du fromage, par
transformation ultime des aliments dans l'organisme
des vaches.

C'est un des bienfaits de cette spécialisation que
tant de gens ne veulent pas voir appliquer dans les
relations internationales, que de permettre l'intensi-
fication de la production de tel ou tel produit, de
telle ou telle denrée dans un pays déterminé. Et
l'observation que nous faisions pour les fromages de
Hollande peut s'appliquer tout aussi bien aux fromages de Suisse. Ici aussi on se trouve en présence
d'un pays où l'industrie laitière se préoccupe relativement peu du lait en nature, mais au contraire se
livre, avec une intensité extraordinaire et une habileté remarquable, à la transformation de ce lait en
fromages de toutes sortes dont le marché s'étend de
jour en jour, et peut s'étendre encore bien davantage
si la production s'accroît.

. Il n'y a pas très longtemps que le vice-consul des

États-Unis à Zurich notait que la principale des industries suisses est l'industrie laitière, et que sa
branche elle-même principale est la fabrication des
fromages ; que l'exportation annuelle sur les pays
étrangers de cette denrée alimentaire s'est étendue
de la façon la plus curieuse, et que les États-Unis,
qui pourtant ont une industrie laitière puissante, où
l'alimentation est déjà si bien assurée au moins de
façon relative comme nous le montrions dans les premiers chapitres de ce livre; où l'alimentation carnée
en particulier ne fait pas défaut, sont un des meilleurs clients de l'exportation suisse fromagère. Dans le
courant d'une année moyenne (nous ne prenons pas
les dernières statistiques parce qu'elles sont faussées
par les circonstances exceptionnelles dans lesquelles
on a vécu), le poids des fromages suisses expédiés
sur l'étranger dépasse largement 300.000 quintaux
métriques; pour apprécier la valeur de ce chiffre,
il faut se rappeler la faible étendue de la Suisse, où
la superficie improductive, par suite de la nature
montagneuse du sol, représente quelque 28 p. 100 de
la surface totale ; il faut songer également qu'une
très grande partie de la superficie restante est cou-
verte de forêts (29 p. 100) ; il ne faut pas oublier non
plus que le pays n'a qu'une population assez modeste et que le nombre de ses bêtes à corne ne
dépasse pas 1.450.000 têtes.

Sans doute dans le chiffre de l'exportation, la part
de la France était d'environ 64.000 quintaux, mais
celle des États-Unis dépassait 71.000 quintaux, en
dépit des difficultés d'expédition et du long voyage à
imposer à ces produits de l'agriculture suisse. Que
l'on n'oublie pas du reste (et c'est une considération
que nous avons essayé de développer assez récemment dans la *Bibliothèque Universelle et Revue
Suisse*) que nous avons intérêt à nous substituer en
Suisse aux Allemands et aux Austro-Hongrois comme
acheteurs ; tout à la fois pour rendre plus étroits les
liens avec nos voisins, pour les détourner des marchés centraux, et pour les amener, par un phénomène
d'échange inévitable, à pratiquer davantage l'achat
de nos propres produits français.

Depuis quinze années cette exportation des fromages suisses a progressé de la façon la plus curieuse :
ce qui démontre ce que nous disions tout à l'heure,
la possibilité pour les vieux pays, suivant l'expression que nous employions, d'accroître leur productivité de tel ou tel article, pour lequel il semblerait
au premier abord aux gens peu au courant de ces
questions, qu'il leur est impossible d'aller plus loin.
Le fait est que, entre 1899 et 1903, la moyenne des
exportations de fromages suisses ne dépassait guère
250.000 quintaux, et que, dans certaines bonnes
années toutes contemporaines, elle a excédé de beau-

coup les 300.000 quintaux que nous indiquions comme une moyenne minima.

Le Canada de son côté, bien qu'étant un ample fournisseur du marché anglais, auquel il réserve des faveurs, peut dès maintenant et pourra encore bien mieux demain nous fournir en très grande quantité des fromages à bon marché. Nous avons déjà eu l'occasion de montrer que l'industrie laitière se développe, et fort logiquement, dans le Dominion ; elle est à même de prendre encore bien plus de développement, non pas concurremment, mais parallèlement à l'industrie agricole et plus générale de la culture des blés, dont nous avons signalé l'importance au point de vue qui nous préoccupe ici. Le dernier recensement officiel fait au Canada accusait l'existence de plus de 3.630 laiteries se livrant à la fabrication du beurre et à celle du fromage ; cette dernière représentait un poids de plus de 250 millions de livres (anglaises de 453 grammes), tandis que la quantité de beurre fabriquée ne dépassait guère 60 millions de livres, ce qui est du reste respectable. A ces deux points de vue, depuis le dernier recensement, il y avait eu un progrès énorme. Et comme le dernier recensement qu'il soit possible de consulter remonté à 1910, il est vraisemblable d'admettre que la fabrication des fromages a progressé encore très considérablement.

Ici d'ailleurs comme partout le producteur est au
service du consommateur : il passe son temps à pressentir ou à suivre les désirs de ce consommateur, et
il fait constamment des efforts pour essayer de lui
fournir en quantité à peu près suffisante les denrées
qu'il réclame, dont il a besoin. Il suffira donc (comme
cela s'est passé pour les viandes réfrigérées de l'Argentine pendant la guerre 1914-1916) que les désirs
de la consommation se manifestent ; et aussitôt l'industrie laitière canadienne se développera, augmen-
tera sa production de fromages, les expédiera en
grande hâte sur le marché français du moment où
celui-ci voudra bien les accepter. Ce ne sera sans
doute pas, encore une fois, des roqueforts susceptibles de lutter contre nos roqueforts français, des
bries, des camemberts capables de faire oublier nos
grandes marques. Mais ce seront de bons fromages
honnêtes, qui viendront accompagner heureusement
la ration de pain et compléter au moins partiellement, c'est-à-dire augmenter, améliorer, la nourriture des Français.

Notre lecteur doit songer inévitablement à l'Australie comme pays producteur de fromages capable
lui aussi de répondre à notre appétit croissant, dis-
posé à le faire. Comme l'industrie du beurre, l'industrie du fromage dans tous les États de l'Australie
augmente avec une rapidité très caractéristique et

fort heureuse. Nous entendons heureuse au sens économique du mot, sans envisager aucun côté moral! Nous ne sommes pas encore en présence de chiffres comparables à ceux du Canada : cependant que l'on songe qu'en 1900 la production totale du fromage dans la Fédération australienne n'était pas de 11 millions de livres anglaises, et que dès 1910 elle dépassait 16 millions 1/2 de livres.

Nous ne passerons pas en revue les différents pays auxquels va notre pensée, et auxquels le lecteur songera lui-même probablement. Nous pourrions parler par exemple de la Russie et spécialement de la Sibérie : si elle a intérêt à exporter du lait, à exporter du beurre, quel intérêt n'aura-t-elle pas, quand la technique spéciale sera suffisamment connue des paysans, quand des capitaux auront permis à des sociétés laitières de se créer, à exporter sur la France en particulier des fromages de bonne qualité moyenne. D'autant que cela répondra au désir que l'on prétend très vif, chez nous comme en Russie, de resserrer les liens économiques entre les deux nations et par suite de pratiquer plus sérieusement les échanges.

Nous songeons également à cette Afrique du Sud où nous avons vu l'industrie laitière encore quelque peu naissante il est vrai, mais faisant des progrès très rapides. Nous avons indiqué antérieurement comment certaines sociétés laitières s'étaient fondées

au Natal en vue de la pratique d'une production aussi
large que possible : c'est dire qu'elles envisagent et
qu'elles pratiquent déjà l'industrie du fromage.
D'ailleurs le département de l'Agriculture de l'Union
Sud-Africaine a pris également en main la question :
et, sans attacher trop d'importance aux interventions
administratives, il y a là néanmoins quelque chose
qui nous convainc encore mieux de l'importance que
l'on donne à cette industrie fromagère dans l'Afrique
du Sud. La production du fromage pour l'exportation
a déjà commencé. Son développement est inévitable
et l'influence en sera particulièrement heureuse pour
nous, espérons-le.

CHAPITRE XII

LES FRUITS DE LUXE
LES FRUITS POUR BOURSES MODESTES

Ce mot de luxe va amener, s'ils n'y songeaient déjà, beaucoup de nos lecteurs à considérer que nous sortons quelque peu du côté essentiellement pratique de la question, en envisageant comme une forme tout indiquée de l'alimentation la large consommation de fruits par la grosse masse que nous avons en vue, par le consommateur moyen ou même modeste.

Il est certain que pendant bien longtemps en France, et du moment où l'on ne se trouvait plus dans les milieux essentiellement campagnards où l'on consomme ce qu'on a à sa portée, et notamment les fruits du jardin et du verger, on a eu tendance à considérer que le fruit était uniquement un dessert, c'est-à-dire un luxe, une gourmandise ; que l'on pouvait, que l'on devait presque au point de vue rationnel, dans un groupe familial économiquement conduit (au sens courant du mot), s'en abstenir à peu près complètement. Il ne paraissait pas y avoir dans le fruit un aliment vraiment utile pour l'entretien de la vie organique; l'on devait s'en passer tout comme autrefois l'on se passait de sucre, le repas ne semblant pas devoir être complété, sinon dans des milieux dépensiers, par le chapitre dessert.

On trouverait une sorte de tradition incnscoiente de ce préjugé dans un chapitre de l'excellent petit volume l'*Hygiène de la cuisine* du D' Laumonier, quand il parle de l'alimentation mixte, et que, en concluant à la nécessité de cette variété, il dit que l'alimentation de l'homme doit comprendre à la fois de la chair musculaire, des légumes et du pain. Les fruits sont oubliés dans l'énoncé, dans la formule, ils paraissent véritablement oubliés par l'auteur; mais il s'agit simplement d'une apparence. La preuve en est que, un peu plus loin, dans le même ouvrage, il consacre un chapitre aux légumes et aussi aux fruits mentionnés de façon expresse; il assimile volontiers les uns et les autres; quoique, en fait, il y ait beaucoup de différence dans la composition de ces deux denrées alimentaires et aussi dans leur influence, dans leur rôle au point de vue de la ration humaine.

Certes il ne faudrait pas pousser l'enthousiasme pour le fruit considéré comme aliment au même point qu'un auteur qui écrivait récemment dans la *Revue Scientifique*[1]. M. J. Lourbet y publiait un

1. Numéros des 11-18 septembre 1915.

article intitulé : « Peut-on se nourrir de fruits ? » ; et,
par un enthousiasme qui était d'ailleurs précisément
l'opposé de la variété que tant de gens ont recom-
mandée dans l'alimentation, de cette alimentation
mixte à laquelle nous faisions allusion avec le Dr Laumonier, il se laissait aller à un exclusivisme analogue
à celui des végétariens. Il voulait amener l'humanité
à pratiquer une alimentation uniquement composée
de fruits crus accompagnés de pain ; et il prétendait
démontrer l'excellence de sa méthode, sa supériorité
sur les régimes que nous appellerons normaux, par
le fait que, pendant trente mois, il avait pu se contenter de manger des fruits crus en même temps que
du pain ; en supprimant du reste les œufs et le fromage, auxquels il avait eu recours d'abord simultanément, et en prenant comme boisson soit du café,
soit même de l'eau. L'auteur entrevoit dans le frui-
tarisme un moyen de perfectionnement humain, perfectionnement physique, moral et intellectuel.

Nous n'allons pas jusque-là ; et nous estimons, au
risque peut-être de le froisser, que son expérience
n'a guère d'intérêt, quelle que soit la vérité de l'observation qu'il avait faite un jour à la Société de Socio-
logie en affirmant que la science de l'alimentation
est la plus imparfaite de toutes. Au surplus, à l'occasion, il avait fait une observation qui ne manque
point de nous intéresser, en notant que l'alimenta-

tion par les fruits est relativement chère en France.
Il accusait à ce propos une exportation excessive,
alors que nous, nous nous plaignons d'une importation insuffisante.

Quoi qu'il en soit, les observations de M. Lourbet
sont venues confirmer ce qui a été écrit par bien des
hygiénistes, ce que rappelait fort à propos M. Henri
Labbé quand il considérait les fruits crus comme
devant s'ajouter au régime carné. Et si nous reprenions les divers ouvrages que nous avons consultés,
et surtout auxquels nous avons renvoyé le lecteur
au début de ce livre, nous y verrions que tous les
hygiénistes ont recommandé de varier l'alimentation
en recourant aux fruits, parce qu'ils considèrent
ceux-ci comme apportant à l'organisme des matériaux essentiellement utiles, à titre de complément
de l'alimentation au moins.

C'est ainsi que, dans son *Hygiène de l'alimentation*, le Dr Laumonier consacre bien des pages aux
fruits, en en distinguant du reste quatre sortes principales. Il montre notamment que les fruits acidulés,
qui contiennent parfois une proportion importante
de sucre, — ce qui n'est pas pour diminuer leur
valeur alimentaire — renferment surtout abondance
de sels à acide organique, malique, citrique, tar-
trique et à base alcaline, en même temps que des
parfums qui les rendent notamment diurétiques, qui

leur permettent d'alcaliniser les humeurs. C'est pour
cela qu'il estime que ces fruits rendent de très grands
services contre les dyspepsies, la pléthore, l'arthri-
tisme, la présclérose. A la vérité les graisses sont
bien rares dans ces fruits, à l'exception peut-être de
la groseille, de l'orange, de la grenade, de l'ananas,
où d'ailleurs la proportion en est faible ; mais on y
trouve des matières azotées, et surtout des sels, des
sucres et des acides organiques souvent en proportion très élevée, comme par exemple dans l'ananas,
dans l'orange, dans le raisin, qui font essentiellement
partie des fruits ou frais ou secs que nous pouvons
demander en très grande quantité à l'étranger et à
nos colonies. En dehors de certains des fruits dont
nous venons de parler, et qui à l'état sec ont parfois
une teneur en sucre de 70 p. 100, il y a grand profit
à utiliser la figue, soit fraîche, soit sèche, la fameuse
datte, la banane, dont nous reparlerons tout à l'heure
longuement ; d'autant que, dans quelques-uns de ces
fruits les matières azotées ou les graisses sont en
proportion vraiment notable. On connaît les qualités
nutritives précieuses de la châtaigne ; et quoi qu'on
en puisse penser, nous pouvons et devons faire appel
largement à la châtaigne étrangère ; nous le faisons
déjà en présence de l'insuffisance de notre production.

Nous aurions bien d'autres fruits à mentionner,

qui doivent également nous venir de l'extérieur si nous voulons les consommer en plus grande quantité et à meilleur marché ; aussi bien l'amande, dont le prix a monté dans 'des proportions extraordinaires depuis quelques années, que l'olive, dont la production en France est très insuffisante pour des besoins très élargis, que les noix, les noisettes, etc.

C'est ce rôle précieux des fruits dans l'alimentation qui faisait que l'auteur allemand dont nous avons parlé, et qui a consacré un livre à la ration alimentaire de la nation allemande, n'a point manqué de mentionner les fruits dans la constitution de cette ration, et dans la fourniture au consommateur allemand des matières hydrocarbonées, des calories dont il a besoin.

Certes la constatation d'un fait ou d'un phénomène n'est pas toujours la justification de ce fait. Néanmoins il semble bien légitime de tirer argument en faveur de la large introduction du fruit dans l'alimentation française, du rôle qu'il joue déjà dans l'alimentation de la Grande-Bretagne en particulier, et de l'importance extraordinaire que le commerce des fruits a prise dans le monde ; bien que, à cet égard, on soit fort en retard pour les applications frigorifiques, et que le transport de la plupart des fruits se fasse encore quelque peu suivant des méthodes arriérées.

Pour ce qui est particulièrement du commerce et de la consommation des fruits en Grande-Bretagne, les chiffres les plus curieux peuvent être relevés. Il y a déjà fort longtemps que cette alimentation s'est introduite dans le menu des Anglais à leur grand bénéfice, en complétant, en équilibrant si l'on veut la consommation très importante de viande à laquelle ils se livrent normalement. Nous nous rappelons l'étonnement que nous ressentions, il n'y a guère plus de vingt-cinq ans, quand, jeune homme, nous arrivions pour la première fois dans les milieux anglais, où nous voyions la banane par exemple courir les rues au sens presque strict du mot, en se vendant un prix invraisemblable par sa modicité, alors que la banane était un fruit pratiquement inconnu dans les rues de Paris, considéré justement comme un luxe, parce que son prix était extrêmement élevé. Si l'on consulte les statistiques douanières du Royaume-Uni, on est vraiment stupéfait (comme on a pu l'être en se livrant à des constatations analogues pour la viande), de constater les quantités, les poids énormes de fruits de toutes sortes qui s'introduisent sur le marché britannique.

Dans le cours d'une année moyenne, il est importé par exemple 3.260.000 quintaux de pommes (il s'agit du quintal anglais dépassant quelque peu 50 kilogrammes). L'introduction des raisins dépasse quelque

600.000 kilogrammes ; celle du raisin sec, dit volontiers raisin de Corinthe, et qui, lui, est consommé plutôt dans la pâtisserie qu'en nature, dépasse 110.000 quintaux. Il s'importe de même quelque 700.000 quintaux de citrons, 160.000 à 170.000 quintaux d'amandes, et plus de 700.000 quintaux de noix, de noisettes. Le poids des oranges introduites est également énorme ; il approche de 5.800.000 quintaux, quand il ne le dépasse pas. Il faudrait encore parler de quelque 700.000 ou 720.000 quintaux de poires, de plus de 400.000 quintaux de prunes, ces derniers fruits servant principalement à la préparation de confitures, en même temps que les cerises, en partie les fraises, etc.

On ne saurait passer sous silence l'importation des fruits auxquels nous faisions allusion tout à l'heure, les fameuses bananes, dont le commerce est vraiment formidable à l'heure présente, le mot n'est pas de trop. L'importation des bananes durant les dernières années est arrivée à représenter beaucoup plus de 7 millions 1/2 de régimes, et l'on doit savoir que chaque régime représente lui-même toute une série de ces fruits. On avouera que ce sont des chiffres étrangement éloquents. Cela n'empêche que la Grande-Bretagne, de par son industrie agricole, alimente en partie en fruits ses fabriques de confitures et l'estomac de ses consommateurs. Ce sont souvent des fruits de qualité qu'elle produit de la.sorte ; en tout cas son exemple montre bien que la concurrence n'est pas ce que les protectionnistes affirment.

La France, pour son compte, qui est l'immense jardin dont nous parlions dans les premières pages de ce livre, peut encore bien mieux que la Grande-Bretagne produire des fruits exquis, de choix et de prix, et soit les vendre à ses consommateurs riches ou au moins à ressources plus larges, soit les expédier sur l'étranger. Le marché anglais est là pour accepter avec due reconnaissance cette exportation de fruits de qualité, qui se faisait du reste jadis beaucoup plus qu'elle ne se fait maintenant entre la France et l'Angleterre. Et en partie sous l'influence de cette exportation rationnelle d'une industrie horticole spécialisée, la France devra de son côté faire appel bien plus qu'actuellement aux fruits de l'extérieur. Elle pourra tout aussi bien introduire des fruits de même nature que ceux qu'elle cultive, mais de qualité inférieure, se vendant à des prix plus modérés ; elle pourra également introduire, dans des proportions bien plus importantes qu'actuellement, des fruits qui ne poussent point sur son territoire métropolitain, mais que ses colonies, comme les pays étrangers plus ou moins lointains, offrent de lui fournir en quantité croissante. Nous pouvons viser tout aussi bien la précieuse banane que la datte, non moins précieuse par sa valeur alimentaire, et même beaucoup d'autres fruits exotiques qui ne parviennent guère sur notre marché, parce que les courants d'échanges à l'aide de navires à cales réfrigérées n'existent encore que bien peu à destination de notre marché, trop rigoureusement fermé.

Ainsi que nous le disions, ce qui peut se faire demain se déduit facilement de ce qui se fait déjà dans l'ensemble du monde pour ce commerce des fruits, qui, en dépit des difficultés douanières que trop souvent il rencontre sur sa route, représente un mouvement d'échanges formidable et une valeur extraordinairement élevée dont on ne se doute généralement pas. Pour s'en rendre compte, il suffirait de lire une étude bien faite, et dont pourtant les chiffres sont certainement inférieurs de beaucoup à la réalité, publiée par M. E.-O. Fenzi dans le *Bulletin général de la Direction de l'Agriculture de Tunisie* [1]. Il s'est placé plus particulièrement au point de vue de la part de l'Italie dans le commerce international des fruits, mais il a donné des renseignements d'ensemble, qui, si approximatifs et au-dessous de la vérité qu'ils puissent être, sont eux aussi bien éloquents (c'est en Italie et officiellement que l'on a réuni les données qu'il n'a guère fait que résumer).

1. Voir le numéro de mai 1915.

D'après ces sources d'informations, on évalue la
valeur des échanges internationaux de fruits, fruits
frais ou fruits secs, à quelque chose comme 2 milliards de francs par an; mais, dans ce total pourtant
surprenant, ne sont pas comptés quelques États du
Nord de l'Europe pas plus que la majeure partie de
l'Asie, de l'Afrique et de l'Amérique du Sud, faute
de données précises et complètes. Les importations
de la seule Grande-Bretagne sont évaluées par les
documents italiens à quelque 445 millions de francs;
celles de l'Allemagne à environ 300 millions, les
Allemands étant rapidement devenus grands consommateurs de fruits, parce qu'ils avaient constaté
que leur appétit trouvait à se mieux satisfaire en
introduisant cet élément dans leur nourriture. Comme
indication très curieuse, signalons un tableau dans
lequel l'enquête officielle italienne avait calculé la
valeur moyenne par habitant de l'importation des
fruits, en même temps que par kilomètre carré de
superficie du pays. Le premier calcul donnait près
de 10 francs pour la Grande-Bretagne, 4 fr., 50 pour
l'Allemagne, 5 fr., 60 pour la Suisse, et seulement
16 centimes (on a bien lu) pour la France; le second
coefficient était de 1.416 francs pour la Grande-
Bretagne, de 513 pour l'Allemagne, à peu près iden-
tique pour la Suisse, de 183 francs pour la France.

Si intéressantes que soient ces données, nous ne

pouvons qu'indiquer quelques chiffres rapides sur le
détail de ce commerce. On évaluait à bien près de
400 millions le seul trafic des oranges, citrons,
cédrats et de leurs dérivés, ce que l'on appelle en
Italie les « agrumes ». Pour les pommes et les poires,
il s'agit d'environ 330 millions paraît-il, de quelque
300 millions pour les bananes, de 80 millions pour
les ananas, d'une centaine de millions de francs
pour les raisins de table, dont l'exportation se fait
pourtant encore, même en Espagne, sous une forme
un peu primitive, par emballage dans des caisses ou
des tonneaux au milieu de sciure de liège, alors que
la frigorification réussirait bien mieux. Au reste cette
frigorification sur laquelle nous paraissons peut-
être revenir trop au gré de notre lecteur, donnerait
notamment à la France la faculté d'exporter très
facilement, par application de la spécialisation et
dans d'excellentes conditions de conservation et
d'arrivée sur des marchés très lointains, les fruits
de qualité exceptionnelle qu'elle peut et sait produire dans ses vergers.

Qu'on nous permette de donner quelques détails,
plus éloquents certes que tous les autres, sur le
commerce des bananes, le fruit essentiellement destiné aux bourses modestes, puisque l'ensemble des
hygiénistes et des médecins le considèrent comme
constituant un élément de première valeur ; puisque

maintenant la banane, même en France, se vend extrêmement bon marché, bien que son prix soit susceptible chez nous de s'abaisser encore très sensiblement, à l'instar de ce qui s'est réalisé en Angleterre, et grâce à l'application de transports plus méthodiques et plus importants.

Déjà à ce propos du commerce spécial, de la production et de la consommation des bananes, nous avons donné quelques indications qui nous semblent caractéristiques. Il est facile de les compléter, sans cependant traiter comme il le mérite en lui-même ce commerce, qui, en quelque trente années, a pris un développement extraordinaire. Au risque de paraître nous répéter inutilement, nous sommes bien obligés de remarquer que ce développement a été permis seulement par les admirables flottes spéciales que l'on a installées, et aux États-Unis et en Grande-Bretagne, pour le transport de ces bananes dans les meilleures conditions. Les installations dont il s'agit ont été étudiées par le menu dans un rapport présenté par un Anglais, M. Ward, au deuxième Congrès international du Froid tenu à Vienne en 1910. Nous n'en sommes plus, et fort heureusement pour les producteurs comme pour les consommateurs anglais, à l'époque où les bananes à destination de la Grande-Bretagne arrivaient seulement des Canaries comme « fret de pont » ; même la manutention des régimes à l'embarquement ou au débarquement est assurée mécaniquement, dans des conditions exceptionnelles de rapidité et de bon marché. Une seule des entreprises anglaises, des « flottes à bananes », comprend 13 grands steamers susceptibles d'emmagasiner dans leur ensemble 662.000 régimes dans des chambres réfrigérantes. Aux États-Unis il existe une compagnie, la *United Fruits Company*, qui possède 70 steamers du même genre. Nous devons dire que des installations presque aussi perfectionnées sont utilisées pour beaucoup d'autres fruits coloniaux ou étrangers arrivant notamment en Angleterre ; les expéditions, comme le disait M. Gonault, se faisant de façon presque aussi homogène que les expéditions de céréales. Ce qui est au surplus caractéristique, c'est que, depuis deux ou trois ans, un courant régulier de navires à bananes existait entre les Indes occidentales (les Antilles), le Centre Amérique, et Hambourg.

La production et la consommation se sont tellement développées, que les îles Canaries, qui étaient autrefois le grand fournisseur de l'Europe, ne comptent plus maintenant qu'à titre tout à fait secondaire, même pour cette Europe dont la consommation de ce chef n'est guère comparable à celle des États-Unis. Les grands consommateurs en la matière sont en effet les Américains du Nord, qui, durant

une année moyenne, importent quelque 42 millions
à 43 millions de régimes, arrivant surtout par la
Nouvelle-Orléans, qui possède un outillage spécial
dans ce but ; l'Europe ne recevait que le tiers environ
de ce chiffre au moment où les consommateurs des
États-Unis étaient arrivés à une semblable consommation. Et encore, d'après les données les plus
récentes, notamment d'après celles qui ont été fournies dans une publication très autorisée en la matière,
la *Revista Economica* du Honduras, ce serait plus
de 46 millions de régimes qui s'introduiraient maintenant chaque année aux États-Unis ; cela représente
à peu près 3.500 millions de bananes. Aussi bien ne
doit-on pas oublier que, si la banane est généralement mangée à l'état cru non seulement en France,
mais en Angleterre, aux États-Unis, elle est susceptible de fournir, sous la forme frite par exemple,
une variété nouvelle à l'alimentation, d'autant qu'il
existe des espèces très diverses de bananes répondant à des usages alimentaires très variés eux-
mêmes.

Et pour ce fruit si précieux moins que pour tout
autre peut-être, on n'a point à craindre une insuffisance de production (qui infirmerait du reste les
fameuses craintes de surproduction tant de fois manifestées chez les ignorants). Le bananier se cultive,
se reproduit très facilement ; il est particulièrement

prodigue de ses fruits, et très rapidement il en fournit une grande quantité après la mise en terre de la
jeune plante ; il continue à produire pendant des
années sans renouvellement. D'autre part, sur le
continent américain en particulier, le bananier pousse
fort bien sur une immense surface s'étendant de
50° en latitude à peu près, entre Tampico au Mexique
et l'Asuncion du Paraguay ; il est vrai principalement dans la région côtière, parce que la plante
réclame une très grande humidité. Les Américains
du Nord, en apportant aux producteurs et agriculteurs indigènes les capitaux et aussi les véritables
méthodes au moins autant de transport que de culture, ont donné à la production de la banane dans
l'Amérique Centrale une impulsion extraordinaire.
Le même phénomène peut se renouveler au fur et à
mesure des besoins, ou plus exactement sous l'in-
finence de la demande, et en prévenant ces besoins,
sur une foule de territoires de l'Amérique, du Centre
ou du Sud.

Et c'est ici encore que nos colonies peuvent être
mises en valeur de la façon la plus profitable, en
fournissant rapidement à la métropole — ce qu'elles
ont du reste déjà commencé de faire — la banane à
profusion, à bon marché, banane à laquelle le consommateur ouvrier est dès maintenant habitué, et
qui pénètre même chez le consommateur paysan, en

faible quantité il est vrai, mais au fur et à mesure
que les transports, se perfectionnant, abaissent le
prix de revient et de vente de ce fruit. La Côte
occidentale d'Afrique française s'est mise sur une
échelle assez importante à cultiver le bananier et à
exporter sur les marchés français, grâce à des transformations heureuses faites par une partie de nos
compagnies de navigation; transformations qui ne
rappellent pourtant que d'assez loin les immenses
flottes spéciales à bananes dont nous parlions.

Si d'ailleurs nous voulons trouver des pays où la
production, depuis vingt ou vingt-cinq ans, accuse
un accroissement prodigieux vraiment, des pays qui
soient en état, par des mises en culture nouvelles et
relativement faciles, de répondre à toutes les
demandes du Vieux Monde relié à ces pays producteurs par des lignes de navigation à cales réfrigérantes, nous n'avons par exemple qu'à jeter les yeux
sur le Costa-Rica. En 1883 les exportations de
bananes n'y étaient encore que d'une centaine de
mille de régimes. En 1890 elles dépassaient le million; en 1900 elles atteignaient 3.420.000 : on voit
que la progression est extraordinaire. C'était bien
autre chose au fur et à mesure que se développaient
les appels du consommateur. On en était à 6.165.000
en 1904, enfin à 10.163.000 en 1914, même le chiffre
de 11.160.000 ayant été atteint en 1913, où les

transports maritimes n'étaient point troublés (d'ailleurs les États-Unis pour leur compte prenaient 8.355.000 régimes). On comprend que le mouvement d'exportation peut étrangement se développer, précédé bien entendu d'une expansion suffisante des plantations et de la production. Au Nicaragua, un des pays où la culture du bananier et le commerce de la banane se sont développés en premier lieu comme au Costa-Rica, les chiffres sont à peu près aussi éloquents. On se rappelle du reste la faible surface de ce pays : néanmoins il y a déjà 100.000 hectares consacrés à la production de la banane ; et en 1914, en dépit du trouble des relations avec l'extérieur, il a été exporté, du moins par la côte de l'Atlantique, deux millions de régimes à peu près.

Il s'en faut de beaucoup que l'industrie de la banane soit implantée à Saint-Domingue depuis aussi longtemps que dans les deux régions dont nous venons de parler ; au surplus jusqu'à présent trop souvent les capitaux et surtout les initiatives ont manqué. Et pourtant l'exportation des bananes hors de la République a rapidement atteint 600.000 régimes. Tout va sur les États-Unis ; si l'on étend cette culture, si l'on développe rationnellement ce commerce, il y aurait là une belle occasion de lier des rapports plus intimes entre la France et Saint-Domingue, où tant de sympathies vont vers nous (où il est vrai le protectorat américain est aujourd'hui un fait presque accompli). Nous pourrions citer également la Jamaïque, qui exporte chaque année de 8 à 9 millions de bananes. Quand le marché français s'ouvrira plus largement, il ne manquera pas d'initiatives et de capitalistes pour se lancer dans des plantations nouvelles, dans la création de services spéciaux. Que l'on se rappelle cette *United Fruit Company* dont nous parlions, et dont le capital a été rapidement porté de 25 à 35 millions de dollars, grâce aux beaux bénéfices que donne une industrie qui pourtant vend à bon marché ses produits.

Nous avons insisté sur la banane, mais il est bien d'autres fruits étrangers au sol métropolitain que nous pourrions mettre à contribution. Une foule de pays s'offrent ou s'offriraient à satisfaire à cet égard nos désirs. Ce serait par exemple la Belgique, une fois reconstituée, relevée des ruines causées par la barbarie allemande, et où la culture des fruits forcés tout au moins a pris un étonnant développement au fur et à mesure que s'ouvraient devant elle de nouveaux marchés. C'est bien entendu l'Algérie, que nous devons bien considérer comme faisant partie de notre domaine colonial, et où la production des fruits s'est déjà formidablement développée, où l'étendue des terrains cultivés s'accroît régulièrement, comme le faisait remarquer notre confrère M. Paw-

lowski [1]. Ce sont tout à la fois les oranges, les man-
darines, les raisins de table, les amandes, qui peuvent nous venir en abondance croissante de cette
possession, et contribuer à cet enrichissement alimentaire qui est vraiment un but à poursuivre.

Quelle amélioration générale de nos relations ne
pouvons-nous pas tirer à l'égard de l'Espagne, en
acceptant de lui acheter une partie de ces fruits
qu'elle cultive de jour en jour en plus grande abondance, qu'elle peut vendre bon marché, et qui sont
susceptibles de varier notre ordinaire, d'y apporter
un élément précieux ! Dès maintenant l'Espagne possède plus de 76 à 77 millions d'arbres fruitiers de
toutes sortes, dont 28 environ dans le seul district
de Valence ; sur l'ensemble, 48 millions 1/2 de fruitiers se trouvent régulièrement cultivés dans les vergers. Certes nous n'ignorons pas les quantités extrêmement élevées d'oranges que chaque année l'Espagne
vend à la France ; si l'on voulait trouver à ce sujet
comme sur l'ensemble de la question une documen-
tation tout à fait complète, nous recommanderions
de lire, dans le *Bulletin de la Chambre de Commerce
de la Province de Madrid* [2], des études qui ont été
présentées à un Congrès d'expansion commerciale
tenu à Barcelone, et dont d'ailleurs nous avons extrait

---

1. Voir le numéro de juillet 1914 du *Journal des Economistes*.
2. Voir notamment le numéro de septembre 1915.

les renseignements principaux pour les publier dans la *Revue d'économie politique*. On y verrait notamment que la France, dans le courant d'une année, reçoit par la frontière de terre 1.325.000 caisses d'oranges, chacune contenant de 400 à 500 fruits. Mais il n'en faut pas conclure que notre marché, nos estomacs sont incapables d'en absorber davantage : le consommateur consomme d'autant plus, par suite même de l'indéfinie extensibilité des besoins, que le prix des choses est moins élevé, et que beaucoup de gens chaque année sont arrêtés dans leur désir d'acheter des oranges par le prix auquel atteint ou se maintient ce fruit. Aussi bien ne faut-il pas omettre le raisin de table que peut vendre en quantité l'Espagne, qu'elle vend effectivement à bien des pays, non plus que le raisin sec, l'excellent raisin de Malaga, dont la valeur alimentaire n'est pas à discuter, et dont la Grande-Bretagne prend pour près de 80 millions de francs chaque année. Quand on pense à la Grèce et à sa fameuse Société des raisins de Corinthe, on peut être tenté de croire qu'il y a surproduction pour les raisins secs : mais cela tient tout simplement à ce qu'on les empêche de pénétrer ou à ce qu'on gêne leur pénétration par des droits de douane élevés.

Nous voudrions pouvoir montrer également comment l'Italie, déjà productrice formidable de fruits,

ne demande qu'une chose : en produire davantage
pour les exporter sur l'étranger notamment sur la
France. La même observation pourrait se faire pour
l'Australie, à cela près que sa production est encore
modeste, mais elle est susceptible d'un développement
énorme, bien que la seule province de Victoria, au
cours de la campagne de 1914, ait envoyé sur l'Europe
quelque 360.000 caisses de fruits. On cultive un peu
tous les fruits dans cette région de l'Australie, aussi
bien les agrumes que les fruits ordinaires, et l'on ne
demande pas mieux que de multiplier les vergers, si
l'on est à peu près sûr d'un écoulement facile de la
production nouvelle.

Parmi les producteurs de fruits qui s'offrent au
consommateur français, nous ne devons pas oublier
l'Asie Mineure, dont la mise en valeur va se faire
sans doute rapidement après l'écrasement complet de
la tyrannie turque ; et nous envisageons spécialement
la région de Bagdad, que l'achèvement du fameux
chemin de fer permettra de mettre si aisément à contribution, région de Bagdad où déjà l'oranger, le
citronnier, le mandarinier se trouvent en abondance,
au voisinage de ces dattiers qui eux aussi sont susceptibles de fournir à l'alimentation une denrée de
première valeur, en abondance beaucoup plus grande
que celle dont nous jouissons actuellement, en ne
mettant guère à contribution que les dattes de Tunisie

et d'Algérie. Il y a longtemps que les Américains du Nord savent se faire expédier des dattes de la région de Bagdad et du golfe Persique en général, au grand bénéfice de leurs estomacs et de leur organisme.

Nous sommes obligés de nous arrêter. Mais nous verrions également dans le Canada un verger du plus bel avenir pour le consommateur français éclairé de son intérêt. Et il faudrait songer aussi aux fruits secs, dont nous n'avons dit qu'un mot tout à l'heure, non pas seulement les raisins, mais les amandes et les noix, fruits dont la valeur alimentaire n'est plus à démontrer. Pour ce qui est des noix, la France en produit et de qualité supérieure; mais elles demenrent chères à cause même de leur qualité, et par suite aussi de ce que la production nationale est parfaitement insuffisante, si l'on veut largement introduire ou maintenir cette denrée alimentaire dans le menu de la plus grande partie des habitants de la France. Le Brésil pour son compte produit en quantité de bonnes noix qui peuvent nous être expédiées dans d'excellentes conditions et à de bons prix. Le commerce international des fruits secs, d'après les documents italiens, représente dans l'ensemble un milliard de francs et plus, dont quelque 260 millions pour le raisin sec, 180 millions pour les amandes (dont la production est limitée à des régions très particulières, dont le prix s'est formidablement élevé depuis quelques années à cause de leur rareté relative). Citons les 100 millions de noisettes, les 120 millions de noix qui se vendent dans l'ensemble du monde. Et il faut se dire que si on le veut, ce commerce est capable de prendre une expansion nouvelle, à condition d'un développement des cultures, surexcité comme toujours par les désirs du consommateur et permis par l'état des relations douanières internationales.

Et comme preuve de l'avenir de la production et du commerce des fruits dans des pays neufs qui jusqu'à présent n'avaient point songé à expédier leurs fruits sur le Vieux Monde, parce qu'il leur manquait notamment des moyens de transport, signalons ce fait inconnu de presque tout le monde, que le Belouchistan commence à se livrer de façon intense à la culture des fruits, que les fruits sont le plus important article d'exportation de ce pays essentiellement neuf. Il en est de même de l'Afghanistan.

CHAPITRE XIII

LE SUCRE
UNE AUTRE CONSOMMATION A DÉVELOPPER

Nous disions au début de ce livre que la guerre et l'alimentation d'une très grosse partie de la population par l'Intendance, alimentation faite voloutairement très généreuse, avaient donné des habitudes nouvelles, et devaient entraîner un accroissement des consommations normales chez tous les habitants, en particulier chez les soldats revenus du front. Nous avons insisté à ce propos surtout sur la consommation de la viande, mais il en est bien quelque peu de même de la consommation du sucre.

A la vérité il ne s'est pas produit pour le sucre, durant la période de guerre, ce qui s'est passé pour la viande : la population même civile n'a pas fait connaissance avec les ressources venues de l'étranger, du moins en ce qui concerne la quantité. Car, pour ce qui est de la qualité, les gens au palais un peu raffiné pourraient dire que les sucres coloniaux qui nous ont été fournis, souvent de façon parcimonieuse, sont très supérieurs comme goût et même comme puissance sucrante aux sucres de betteraves normalement consommés en France. Pour ce qui est de la quantité, les interventions d'État pratiquées et qui, au contraire de ce qui s'est produit pour la viande, se sont manifestées principalement sous la forme d'un arrêt de l'importation privée, ont plutôt mis les gens à la portion réduite.

Néanmoins on a constaté de façon plus ou moins confuse qu'il était possible de se procurer du sucre à l'extérieur, dans des pays très lointains ; non plus du sucre de betterave, mais du sucre de canne, et en quantité malgré tout très élevée ; alors que la production française notamment, pour de tristes raisons, était arrêtée en grande partie, une foule d'usines ayant été envahies et même détruites par les hordes germaniques.

Cet arrêt et trop souvent malheureusement cette destruction de tant d'usines sucrières françaises pourraient entraîner bien des gens à avoir personnellement des scrupules, ou à trouver qu'il est un peu étrange de notre part de parler de recourir aux producteurs étrangers, alors que le producteur français aura tant de peine à reconstituer son activité industrielle demain, après la victoire, et par suite à retrouver sa clientèle. Nous comprenons parfaitement le scrupule ; mais il ne faut pas exagérer ; ou plutôt

il faut envisager les choses froidement, économiquement, logiquement. Il faut songer d'abord que, parmi
les usines sucrières françaises, un très grand nombre
sans doute ne se reconstitueront pas, parce qu'elles
étaient installées sur de trop petites proportions, que
le prix de revient du sucre fabriqué par elles était
trop élevé; et que ce serait mal employer l'argent
des indemnités accordées pour les dommages de
guerre, que de reconstruire ces usines sur les mêmes
bases, suivant les mêmes errements.

Au surplus des gens extrêmement autorisés, comme
M. Georges Dureau, dans le *Journal des fabricants
de sucre*, ont considéré franchement le problème, se
sont demandé s'il y aurait vraiment intérêt au lendemain de la guerre à reconstituer l'industrie sucrière
sur les mêmes bases et les proportions qu'elle présentait avant les destructions systématiques des « barbares savants ». Il y a de plus une autre considération
qu'on ne saurait perdre de vue.

Sans doute et fort heureusement, grâce à la
volonté persévérante de libéraux dans bien des pays,
et en France tout spécialement Yves Guyot, nous n'en
sommes plus à une époque où l'industrie sucrière,
chez nous comme dans tant de pays, vivait de l'artificiel ; où le sucre devait être payé très cher par le
consommateur français maintenu à la diète, pendant
que l'industrie sucrière nationale vendait à certains

consommateurs étrangers (nous visons spécialement
le consommateur anglais) ce même sucre à très bon
marché, ce qui mettait ce consommateur étranger à
même d'introduire dans son alimentation un élément
qu'on ne saurait considérer comme trop précieux.
Les primes à l'exportation ont cessé : cela n'a pas
été sans causer dans l'industrie sucrière française une
crise terrible ; mais les sucriers ont compris ou commencé de comprendre que leur intérêt véritable
était d'essayer de produire à bon compte, pour
vendre en très grande quantité. Quoique la liberté
du marché français ne soit pas encore complète à
cet égard et que ces sucriers n'aient pas renoncé
tous, il s'en faut, aux mesures protectrices, le prix
du sucre s'est abaissé considérablement en France
(en dehors naturellement de toute crise artificielle
comme celle qui a été causée par la guerre), et le
consommateur a pu consommer plus largement de
cette denrée qu'on est en droit maintenant de tenir
comme de première nécessité.

Mais ce n'est pas encore — nous ne dirons pas
l'idéal, car l'idéal, spécialement en matières alimentaires, ne peut pas être atteint vraisemblablement,
puisqu'il correspondrait à la pléthore, à la gratuité —
mais la consommation vraiment suffisante : le prix
est encore très élevé du sucre que le Français peut
acheter. Et c'est pour cela que, comme nous allons

le montrer par quelques chiffres, sa consommation
est vraiment trop faible, et de façon relative par rapport à celle de bien d'autres nations et à plus forte
raison de façon absolue. Il ne semble pas possible
d'admettre que la France soit susceptible jamais de
fournir à ses habitants assez de sucre, et du sucre à
assez bon marché, pour que l'on n'ait point intérêt à
se mettre à cet égard en relations avec les marchés
producteurs étrangers. Et c'est ce qui nous semble
ressortir d'une étude sur la culture possible de la
betterave en France après la guerre, publiée par
M. H. Hitier dans le *Bulletin de la société d'encouragement pour l'industrie nationale* [1]. Il y reconnaît en
effet que la France, par suite surtout, dit-il, de circonstances économiques et sociales, n'a pas pu développer ses cultures de betteraves comme beaucoup
d'autres pays, tout en réalisant de notables progrès
dans la quantité de sucre extraite par 100 kilogrammes
de betteraves travaillés.

D'ailleurs quels que soient les admirables inventions et progrès réalisés dans la fabrication du sucre
de betterave, dans le traitement de cette racine sac-
charifère, dont la teneur en sucre est étrangement
plus faible que celle de la canne à sucre, il semble
que vraiment cette canne est susceptible, beaucoup

1. Voir le numéro de mai 1915.

mieux et à bien meilleur marché finalement que la
betterave, de fournir du sucre à la consommation :
si bien entendu, comme cela se produit peu à peu
depuis quelques années, le traitement de la canne se
modifie scientifiquement, si l'on applique à la fabrication du sucre de canne et à toutes ses phases les
progrès techniques si remarquables qui ont été imaginés successivement pour le traitement de la betterave, et précisément en partie parce que la teneur en
sucre de cette racine est relativement faible.

Nous ne ferons pas ici l'histoire des transformations
de l'industrie sucrière métropolitaine et européenne
du sucre de betterave, opposée à l'industrie demeurée
si longtemps primitive du sucre de canne ; nous
rappellerons tout au plus les précieux résultats
donnés par le recours aux cossettes, aux triples, aux
quadruples, aux quintuples effets, permettant l'extrac-
tion rapide et presque complète par diffusion du
sucre contenu dans ces cossettes grâce au phénomène
d'endosmose. Mais ce qui est important à noter, au
point de vue auquel nous nous plaçons ici de la supériorité finale possible de la fabrication du sucre
extrait de la canne, c'est qu'on commence à la découper
mécaniquement en petits segments dont le sucre
pourra être extrait complètement, grâce aux mêmes
procédés à peu près que ceux qui étaient avec tant
de profit employés jusqu'ici uniquement dans le

traitement de la cossette de betterave. C'est donc dans un temps très prochain un abaissement énorme du prix de revient unitaire du sucre de canne, une augmentation considérable de la production, du seul fait que chaque tonne de canne sera susceptible de fournir une quantité formidablement plus élevée de sucre. Cette évolution sera due aussi à l'accélération des moyens de transport pour marchandises, à l'adoption de cargo-boats beaucoup plus rapides, et aussi à un large développement des plantations de canne, les planteurs et les fabricants étant assurés désormais de vendre des récoltes bien plus importantes, comme conséquence d'un développement de la consommation qui est lui-même, pour la plus grosse part, sous l'influence de l'abaissement du prix de revient.

Il y a déjà longtemps que le marché sucrier anglais, tout en profitant pourtant des sucres à bon marché que le jeu des primes à l'exportation lui avait valus de l'Allemagne, de l'Autriche, de la France et d'ailleurs, plus récemment en continuant d'acheter à très bon compte les sucres que l'Europe pouvait lui livrer parce qu'il était acheteur pour des quantités énormes, avait néanmoins l'habitude de se fournir pour une grosse part de sucres, nous ne dirons pas coloniaux (car l'importation des colonies britanniques ne jouait qu'un rôle assez secondaire), mais mettons exotiques, venant notamment de Java pour

180.000 tonnes et plus en 1912, de Cuba pour près de 90.000 tonnes durant la même année[1]. Dans l'ensemble les sucres bruts de canne atteignant le marché anglais et y demeurant presque entièrement (du moins autant qu'on considérait uniquement le sucre en nature) représentaient à peu près 560.000 tonnes.

C'est grâce en très grande partie à cette mise à contribution si importante des sucres de canne que l'Anglais pouvait se livrer à une consommation raisonnée, rationnelle et bienfaisante d'une grande quantité de sucre. Il en était quelque peu fier du reste et avec raison, car cela prouvait le *standard of life* élevé de l'ensemble de sa population ; cela montrait les bienfaits que lui valait la liberté des échanges.

Il est facile de se rendre compte de cette importance de la consommation du sucre par tête d'habitant en Grande-Bretagne, en consultant les statistiques spéciales récemment publiées sur la matière. On y verra en même temps que la consommation unitaire en France était demeurée relativement faible, il est vrai en dépassant considérablement celle de maint pays européen où la faiblesse de la consommation d'une denrée si précieuse tenait naturellement au prix élevé où elle se maintenait ; ce prix résultant

1. Voir l'étude sur le marché sucrier anglais publiée par M. Georges Dureau dans le numéro de juin 1915 du *Journal des Economistes*.

à peu près uniquement des barrières douanières et du monopole créé sur le marché national au profit de l'industrie indigène vendant à prix élevé.

Si l'on se reportait aux statistiques sur les consommations domestiques publiées périodiquement par le *Bulletin de la statistique générale de la France*, on y verrait qu'entre 1901 et 1905 la consommation de sucre par habitant en France était de 13 kilogrammes ; elle s'est assez heureusement développée depuis lors grâce à la liberté relative et à l'abaissement des prix, atteignant 15 kg., 3 entre 1906 et 1910 comme moyenne, et 17 kg., 5 en 1911 d'après les chiffres de la Statistique de la France ; elle aurait du reste baissé de plus d'un demi-kilogramme entre 1911 et 1912. C'était évidemment un progrès, mais un progrès inférieur à celui de l'Allemagne, où l'on était passé de 13 kg., 6 entre 1901 et 1905 à 19 kilogrammes en 1911. Il était évident que c'était étrangement plus qu'en Hongrie, en Italie, en Russie même, où l'abondance de la production intérieure n'empêchait pas le monopole privé de jouer sous l'influence des pratiques protectionnistes. En Hongrie la consommation par tête d'habitant, qui n'atteignait pas 5 kilogrammes entre 1901 et 1905, a pu péniblement atteindre 7 kg., 3 en 1911 ; pour l'Italie, on est passé de 3 kilogrammes à moins de 4 ; pour la Russie, de 5 kg., 3 à 9 kg., 7 ce qui accuse sans doute un progrès, mais ce qui laisse encore le Russe moyen strictement limité dans sa consommation sucrière.

A côté de cela on pouvait citer le chiffre de 33 kg., 2 comme consommation moyenne par habitant dans le Royaume de Grande-Bretagne entre 1901 et 1905 ; cette consommation moyenne s'est élevée à 35 kg., 5 entre 1906 et 1910, à 36 kg., 4 en 1911. Pour les États-Unis la consommation unitaire est encore plus élevée, puisqu'elle a été calculée à 85,4 livres anglaises de 453 grammes pour l'année 1913. Nous sommes ici aux environs de 39 kilogrammes par tête. On pourrait nous dire que les États-Unis sont et surtout ont été un pays protectionniste, et que les barrières douanières ne les ont point empêchés d'accroître constamment leur consommation de sucre. Mais cette immense Confédération constitue un énorme territoire douanier où règne la liberté des échanges ; du reste précisément en vue de la consommation spéciale du sucre dont ils sont si friands, les Américains ont eu bien soin d'accroître encore la surface de leur territoire douanier, de se procurer en toute liberté ou à peu près du sucre venant de ce qu'on peut appeler l'extérieur. Ils ont mis à leur disposition les « territoires extérieurs », de véritables colonies comme les Hawaï, Porto-Rico, Cuba également. Et ils reçoivent de la sorte ce que nous appellerions en France des sucres coloniaux en quantités formidables et à bon marché.

Cela explique que durant les trente dernières années, comme le disait M. Georges Dureau dans une étude sur le Marché sucrier américain [1], l'accroissement moyen de la consommation américaine de sucre ait été de près de 4 p. 100. En 1895 la consommation par tête ne dépassait pas 51 livres anglaises.

Avec d'aussi rudes consommateurs de sucre que les Anglais et les Américains, on se demandera peut-être si vraiment nous avons la possibilité matérielle d'introduire plus de sucre en France, afin de développer notre consommation individuelle. On peut se rassurer à cet égard. La production du sucre dans le monde est en train d'accuser depuis quelques années un accroissement constant et formidable, alors que pourtant déjà, pendant la campagne 1912-1913 par exemple, le chiffre total de cette production représentait un ensemble énorme de millions de tonnes. Ce total était en effet de 18.200.000 tonnes d'après les statistiques dressées par les spécialistes. Il est à remarquer au surplus que, par suite d'une évolution que nous laissions pressentir tout à l'heure et sur laquelle il est intéressant d'insister d'un mot, c'est la production du sucre de canne qui maintenant dépasse et très sensiblement la production du sucre de betterave, alors que pendant tant d'années il en

1. Voir le numéro de septembre 1915 du *Journal des Économistes*.

avait été tout autrement, la canne subissant encore
la concurrence victorieuse de la betterave, dont le
triomphe était assuré temporairement par l'utilisation des méthodes si perfectionnées dont nous avons
dit un mot. Durant la campagne 1912-1913 la production de sucre de canne a été de 9.230.000 tonnes,
ce qui ne laisse que beaucoup moins de la moitié du
total pour le sucre de betterave. (Il va de soi que,
dans notre affirmation du développement de la production sucrière dans le monde, nous laissons de côté
le déficit tout anormal produit par l'état de guerre.)

Il suffirait de remonter de quelques années dans
les statistiques pour constater l'expansion curieuse
que la production du sucre a prise dans le monde.
Cela est dû tout à la fois à une extension des plantations et aussi à l'application de procédés plus perfectionnés, surtout à l'introduction dans les fabriques
de sucre de canne de ces méthodes inspirées de celles
qui se pratiquent pour le sucre de betterave, de la diffusion, et de tout ce que nous indiquions plus haut.
Nous ne saurions trop à ce propos conseiller la lec-
ture du si précieux *Journal des Fabricants de sucre*
dirigé par M. Georges Dureau. On y verrait notamment, dans des numéros récents, le développement
pris chaque jour par cette fabrication du sucre et
aux îles Hawaï et à Cuba, sous l'influence d'un appel
de la consommation, comme conséquence aussi de

cette prescience souvent instinctive de l'industriel et du commerçant, qui savent le moment où l'on peut augmenter la production pour profiter des dispositions du marché. Il y a certains audacieux en Grande-Bretagne qui estiment que, dans le seul domaine britannique, on pourrait tout au moins quintupler, sinon sextupler, la récolte du sucre, notamment en Guyane anglaise. Il est certain que tels ou tels pays dont le climat est particulièrement favorable à la canne à sucre pourraient se lancer dans une industrie sucrière de premier ordre. C'est dans cet esprit que le Chili développe très sérieusement sa production sucrière, à l'imitation quelque peu du Pérou, car il possède, dans les provinces de Tacna et d'Arica par exemple, des terrains particulièrement appropriés à cette culture.

En tout cas nous avons l'exemple de Cuba pour nous prouver la rapidité et la facilité avec lesquelles la production du sucre, et par conséquent la culture de la canne, peuvent progresser dans un pays bien doté au point de vue climatérique, quand les capitaux [1] nécessaires veulent bien s'immobiliser dans cette industrie qui en réclame beaucoup. On escompte que la récolte du sucre à Cuba, pour la campagne 1916,

1. L'appel à des capitaux nouveaux sera naturellement indispensable pour répondre à l'expansion de toutes les industries alimentaires : ils trouveront aisément leur rémunération.

sera de 3.175.000 tonnes au moins, ce qui représente à peu près 22.200.000 sacs. Or la récolte de 1914 n'avait pas dépassé 17.860.000 sacs, alors que pourtant elle était en progression formidable elle-même par rapport au produit de l'industrie sucrière de Cuba il y a une dizaine d'années. Encore pour la campagne 1910-1911 elle n'avait pu dépasser 1.480.000 tonnes.

On le voit donc, les inquiétudes seraient hors de propos chez ceux qui comprennent l'importance qu'il y a à augmenter la ration française de sucre, mais qui se figureraient volontiers que les producteurs manquent pour assurer cette augmentation.

CHAPITRE XIV

LES BOISSONS ALIMENTAIRES ET TONIQUES

Bien que buveur d'eau, du reste par nécessité médicale, nous avouerons immédiatement faire tenir en principe sous ce titre de boissons alimentaires le vin, ou si l'on veut plus exactement les différents vins. Quels que soient les ravages causés véritablement par l'alcoolisme, notamment chez les gens qui se figurent plus économique de substituer une ration exagérée d'alcool, ration prise mal à propos, à l'alimentation carnée ; ou de ceux qui n'ont pas suffisamment de ressources pour acheter la viande très chère que nous valait le régime douanier français, et qui se rabattaient un peu par nécessité sur de l'alcool à bon marché ; il semble absolument évident, quand on considère les choses sans parti-pris, sans enthousiasme exagéré, si l'on se réfère à l'opinion des gens autorisés, que ce soit le professeur Armand Gautier, ou le professeur Landouzy, qu'on est bien en droit de considérer le vin comme un aliment. Le tout est de l'utiliser, comme tous les aliments possibles, sans

exagération ; non pas de façon exclusive ni même
prédominante, mais pour ce qu'il est, pour les services qu'il peut rendre, comme un appoint, un élément alimentaire si l'on nous permet le mot.

Dans une conférence faite sous les auspices de la
Revue Scientifique[1], l'éminent savant qu'est M. Armand
Gautier, savant pondéré s'il en fut jamais, a traité des
« aliments nervins » : et il y a compris les boissons
aromatiques aussi bien que les liqueurs fermentées,
c'est-à-dire les boissons alcooliques entendues au
sens large du mot, qui couvre également le vin en
même temps que le café, le thé, le cacao, et même
quelques autres dont nous n'avons que faire ici. Ce
sont bien des aliments pour lui, apportant leur part
d'énergie mécanique à notre organisme, et nous
mettant à même d'exercer notre « énergie volon-
taire », comme il le dit, de résister à la fatigue physique, psychique ou morale. C'est la même pensée
que le professeur Landouzy traduisait de façon peut-
être plus audacieuse encore, en disant assez récemment que « en valeur énergétique, une bouteille de
vin est presque l'équivalent de 500 grammes de
viande de bœuf non désossée ».

A la vérité, lors même que l'on accepterait ces
opinions si opposées à ce qui est courant à l'heure

1. Voir le numéro du 27 mai 1905 de cette *Revue.*

actuelle, lors même que l'on admettrait le vin, les vins et les boissons alcooliques dans la catégorie de ces préparations qui « permettent à l'homme de résister au travail sans surmenage et grâce à un minimum d'aliments », pour reprendre encore un mot de M. Armand Gautier ; il ne manquera vraiment pas de gens pour trouver que les vins n'ont point à être envisagés dans un volume qui prétend signaler seulement ce que le consommateur français a intérêt à demander à l'extérieur, colonies, pays étrangers, — pour compléter, élargir et améliorer son alimentation. Ils partent de ce qu'ils tiennent pour une vérité absolument indiscutable : la France produirait beaucoup plus de vin qu'elle n'en peut consommer, d'où il s'en suivrait que le consommateur français a de ce vin à foison, qu'il n'a point à rien réclamer à l'extérieur.

Il est bien vrai que, dans leur argumentation, ils peuvent s'appuyer, du moins en apparence, sur ce que nous avons dit de la spécialisation, la France paraissant tout indiquée pour se spécialiser dans la production du vin, parce que les vins qu'elle produit seraient supérieurs à ceux que l'on peut acquérir et produire à l'étranger. Il est vrai par contre que les producteurs français de vins démontrent eux-mêmes que certaines natures de leurs vins ont des similaires à l'étranger, puisqu'ils ont réclamé et fait maintenir des droits de douane contre ces vins étrangers. Or il a été prouvé, et même reconnu par une foule de protectionnistes plus ou moins inconscients, que le protectionnisme a pour but et pour résultat de relever les prix : par conséquent le consommateur virtuel de vins en France est obligé de se soumettre à des prix élevés, et en conséquence de ne point développer sa ration de vin, ou de la réduire dans la limite de ses ressources pécuniaires.

Là où nous sommes certes impossibles à concurrencer en matière de vins, c'est quand il s'agit de vins de qualité ; nous ne parlons même pas uniquement des Château-Lafite et des Château-Margaux, mais même des bons vins de Bordeaux moyens, même de certains vins appréciés surtout jadis à l'étranger, et que nous obtenions par des coupages de vins étrangers et de vins français offrant eux-mêmes des qualités dues au terroir. Mais pour les gros vins que l'on consomme dans les milieux les plus modestes, l'Italie, l'Espagne et bien d'autres pays peuvent nous fournir de quoi satisfaire les gosiers peu délicats, et pour lesquels pourtant ces vins joueraient le rôle d'aliments nervins, pour reprendre le terme spécial et très caractéristique employé par M. Armand Gautier.

Une bonne partie certainement de nos lecteurs vont trouver notre opinion bien subversive, car nous

allons contre une tradition. Qu'on ne perde pas de
vue pourtant l'exemple que l'Intendance militaire a
donné durant la campagne 1914-1916 : elle a compris,
ou plutôt constaté que, pour alimenter suffisamment
en vin les troupes qu'elle doit nourrir de façon confortable, en leur fournissant sans doute beaucoup plus
que ces civils d'hier ne consommaient chez eux, il
était à peu près indispensable de recourir à des
importations de vins étrangers. Et pourtant il ne
s'agit là au maximum que de 5 millions d'individus,
moins sans doute. Le fait même de ce recours à
des vins étrangers montre que l'on peut trouver à
cet égard des ressources extérieures auxquelles faire
appel.

Et sans insister sur cette question, qui est peut-
être un peu secondaire dans l'énorme domaine que
nous avons prétendu traiter, sans rappeler les pays
de l'Amérique du Nord ou de l'Amérique du Sud, les
régions d'Australie ou autres qui ont imité beaucoup
de vieux pays européens ; sans nous occuper
davantage du vignoble espagnol, dont le développement s'est fait avec une telle intensité depuis quelques
années que les viticulteurs de la Péninsule se trouvent
maintenant en présence d'une crise, se demandent
où écouler leurs vins ; nous pouvons du moins signaler l'exemple caractéristique de la République Argentine.

Comme l'indiquait un rapport tout récent de la *Direction d'Économie Rurale et de Statistique* sur la production vinicole de la République en 1915, les différentes provinces produisent maintenant en une année 4.830.000 hectolitres au moins, dont d'ailleurs 3.800.000 dans la seule province de Mendoza, et 800.000 environ dans celle de San-Juan. Les autres n'ont qu'une production assez faible, mais il est certain qu'elle pourrait se développer beaucoup, en gros vins bien entendu, non pas en vins de choix ni en vins de crus, si le marché de vente était plus large. Depuis 1906 par exemple la surface plantée en vignes dans la République Argentine n'a fait que s'étendre, de même que la production du vin, qui n'était encore que de moins de 1.700.000 hectolitres en 1907. On voit combien le progrès a été rapide. Tout naturellement les vins argentins s'exportent en très grande quantité, ce qui n'empêche pas au surplus l'Argentine d'importer également des vins italiens ou des vins français appartenant à des crus appréciés. Cette exportation des vins de l'Argentine, vers 1906, était extraordinairement faible, 3.000 à 4.000 litres ; en 1915, elle atteignait déjà 860.000 litres et plus ; nous devons reconnaître que la presque totalité de cette exportation, jusqu'ici, a été absorbée par les pays sud-américains, par l'Uruguay, le Paraguay, le Brésil, où les vins argentins viennent faire concurrence aux vins européens. On se plaint bien dans l'Argentine d'une certaine surproduction en matière de viticulture, mais c'est précisément parce que les débouchés manquent, et si ceux-ci s'élargissaient, la production pourrait se développer sans crainte d'un manque d'écoulement de ses produits.

En cette matière des vins nous n'arriverons peut-être pas à convaincre le lecteur : il nous faudrait pour cela de longs développements. C'est dans ce domaine que se sont engagées les luttes les plus violentes du protectionnisme contre la liberté, que les traditions, les erreurs, la routine, les mécompréhensions abondent. Et c'est pour cela que nous renverrons les sceptiques aux publications que nous avons déjà eu l'occasion de citer sur la grave question de la liberté des échanges. Au surplus, au moment où l'on prétend lutter contre l'alcoolisme, contre ses méfaits, contre les exagérations de la consommation de cet alcool que M. A. Gautier considère expressément comme constituant avec les autres aliments nervins un agent efficace contre l'usure inutile de la machine animale, dont il semblerait faciliter le fonctionnement et améliorer le rendement; n'est-il pas naturel de songer à augmenter les quantités de vins mises à la disposition du consommateur national, puisque même la législation férocement interventionniste et autoritaire qui s'est introduite récemment en France

comprend bien le vin et les vins parmi les boissons
dites hygiéniques, et leur fait un sort exceptionnel à
côté de l'alcool et de certaines liqueurs ou boissons
à base d'alcool ?

En tous cas, et comme nous le disions, pour ne
point nous attarder, il ne nous manque pas d'autres
aliments nervins, d'autres boissons alimentaires dites
toniques, en faveur desquelles il faut réclamer un
développement de consommation en France, à cause
des services qu'elles sont susceptibles de rendre, et
dont on peut préjuger déjà par ceux qu'elles rendent
effectivement, — en dépit des conditions de cherté
dans lesquelles elles se vendent, et par conséquent
des quantités relativement faibles que l'on en peut
consommer.

Nous envisageons plus particulièrement tout à la
fois le café, le thé, le cacao, en même temps bien
entendu que le chocolat, qui est dérivé du cacao.

Pour ce qui est du café, on pourrait être tenté,
suivant cette habitude que l'on a, surtout quand il
s'agit des facilités d'alimentation d'autrui, de considérer que vraiment le café se consomme en quantité
considérable en France, que nos compatriotes ne
peuvent pas être considérés comme mis à la portion
congrue à cet égard, au contraire de ce que nous
avons constaté pour d'autres produits alimentaires.
Il est certain que beaucoup de gens consomment du

café en France ; mais il est certain aussi que l'ensemble du pays pourrait en consommer bien davantage, la part de chacun augmentant dans des proportions extrêmement élevées. Et la preuve en est la
consommation si supérieure que l'on constate dans
bien des pays au bénéfice réel de l'alimentation, soit
sous forme de café noir, soit sous forme de café au
lait ou de quelques autres préparations à base de
café ; cette denrée ayant des qualités reconnues par
tous les hygiénistes, qualités qui s'accusent de ce
fait que les savants les plus autorisés la placent précisément dans les premiers des aliments nervins.

La boisson parfumée et servie généralement chaude
qu'est le café répond à la satisfaction de ce besoin
général que M. A. Gautier, dans la conférence déjà
citée, signalait un peu chez les hommes de tous les
pays, Chinois ou Japonais, Anglais ou Russes, Espa-
gnols ou Américains. Comme les autres boissons
analogues, mais de façon particulièrement marquée,
le café contient de la caféine, substance propre ·à
augmenter l'énergie musculaire, à tonifier le cœur,
à exciter l'activité cérébrale, contribuant à débar-
rasser rapidement de leurs déchets les organes en
activité, et à diminuer très sensiblement la fatigue
des muscles et du cerveau, suivant la formule du
savant hygiéniste.

Si nous recherchons les chiffres de consommation

individuelle, qui vont justement nous révéler les pays où l'on fait très largement appel au café et ceux qui le mettent moins, beaucoup moins à contribution, en renonçant par conséquent à utiliser un élément précieux pour leur nutrition quotidienne ; nous pourrons certes remarquer que la consommation du café en France s'est développée considérablement depuis une cinquantaine d'années, et même qu'elle continue de se développer de jour en jour. Elle est aidée en cela par l'abaissement du prix du sucre, car il est bien difficile de prendre une infusion aromatisée chaude quelconque, et spécialement du café même additionné de lait, sans y jeter quelques morceaux de sucre.

Entre 1906 et 1910 la consommation moyenne de café par tête d'habitant en France était de 2 kg., 66. C'était énorme par rapport à ce qu'elle était vers 1850 ou 1860, mais depuis ce moment elle a augmenté sensiblement, atteignant 2 kg., 81 toujours par tête d'habitant et par an dans la période 1911-1912. Si l'on comparait ce chiffre à celui de la consommation individuelle dans le Royaume-Uni de Grande-Bretagne, il est évident que l'on pourrait en inférer, un peu superficiellement, que nous sommes parmi les plus gros consommateurs de café du monde : les sujets du Royaume-Uni individuellement ne consomment guère que 300 grammes de

café par an. Mais il ne faut pas oublier la consommation intense du thé à laquelle ils se livrent, le thé
pouvant suppléer, remplacer le café par les qualités
tout analogues qu'il présente. En Italie la consommation est également faible, elle n'a pu, entre 1906
et 1912, que passer de 0 kg., 67 à 0 kg., 77, mais
l'Italie est encore un pays très pauvrement alimenté,
pour ne pas dire pauvre, un pays où le sucre coûte
terriblement cher, et où l'habitant, l'habitant moyen,
à plus forte raison l'habitant à ressources modestes,
ne jouit que d'une ration alimentaire sous toutes
ses formes fort restreinte. Par contre dans les États-
Unis de l'Amérique du Nord, où pourtant l'on consomme beaucoup de thé, sous l'influence des habitudes anglaises, la consommation moyenne de café
par tête tourne autour de 4 kg., 20. Mais si l'on veut
voir un pays où le café est consommé sur une très
grande échelle, où l'habitant, jouissant d'un confort
général remarquable, tire avantageusement parti de
toutes les qualités de cette espèce particulière d'aliment, nous n'avons qu'à jeter un coup d'œil sur les
Pays-Bas : la consommation par tête et par an y
dépasse très sensiblement 7 kilogrammes. Elle est
du reste accompagnée d'une forte consommation de
sucre, d'une consommation également très élevée de
beurre, et de nombreuses consommations abondantes,
parce que le pays, libéral vraiment dans ses pratiques

et dans ses tarifs douaniers, se laisse volontiers vendre à bon marché par l'étranger tous les produits alimentaires qui peuvent lui rendre service, en les payant par des produits propres de son sol, de son industrie.

Il y aurait toutes sortes d'avantages secondaires à ce que la consommation du café se développât en France. Tout d'abord nous avons le plus grand intérêt à maintenir, à développer, à améliorer les relations d'échanges que nous avons avec l'Amérique du Sud, nous visons particulièrement le Brésil [1]. Ce dernier produit des quantités formidables de café, il s'est même trouvé souvent en présence d'une surproduction qui est peut-être influencée par la monoculture à laquelle on s'est volontiers livré dans cette portion de l'Amérique du Sud, et qui est directement sous le coup des tarifs de douane que beaucoup de pays, et spécialement la France, opposent à l'introduction des cafés sur leur sol. A la vérité il ne s'agit pas de tarifs douaniers protecteurs, mais bien de tarifs fiscaux. Cette distinction est le plus souvent ignorée, même de la plupart des parlementaires chargés de voter nos lois en matière douanière. Les tarifs fiscaux sont destinés à assurer de gros encaissements

---

1. Que l'on remarque que ce sera surtout, sinon uniquement, à des pays alliés ou tout au moins symphatiques à notre cause que nous aurons à recourir en vue de l'amélioration de notre alimentation.

au Trésor, puisque le produit frappé n'est point obtenu sur le sol métropolitain ; il ne s'agit pas de l'empêcher d'entrer, mais de lui demander le versement d'une taxe rentrant, elle, dans les caisses du Trésor. Ces tarifs fiscaux peuvent être néanmoins trop élevés : ils ont le double inconvénient de gêner les relations commerciales avec un pays sur lequel nous aurions avantage à faire beaucoup d'exportations, et d'autre part ils limitent l'introduction dans notre pays d'une denrée dont la consommation n'est pas ce qu'elle pourrait être, simplement parce que son prix est trop relevé par l'application de ce tarif fiscal.

A plusieurs reprises on en a demandé un abaissement sensible, on a parfois obtenu une diminution. Non pas seulement les Brésiliens que l'on peut suspecter de trop « prêcher pour leurs saints », mais encore une série d'économistes, de commerçants, d'hygiénistes français, déplorent qu'on ferme partiellement la porte à un produit alimentaire de qualité, susceptible de supplanter en très grande partie l'usage exagéré de l'alcool que l'on fait dans les classes populaires, l'abaissement des tarifs devant du reste inévitablement profiter au Trésor par une augmentation considérable de l'importation du produit.

Le Brésil à lui seul peut déjà fournir à une consommation énorme de café ; sa production durant la campagne 1894-1895 n'était guère que de 11.200.000 sacs, elle a pu s'élever en 1913-1914 par exemple à quelque 18 millions et demi de sacs. Ce sont il est vrai surtout des cafés communs que le Brésil produit ; mais la grosse consommation est toujours faite par « le million », ainsi que disent les Anglais, par la masse des consommateurs à ressources peu développées. Au reste il ne manque pas de pays qui seraient en état de produire en quantité aussi grande des cafés supérieurs, puisque telle contrée comme Porto-Rico a restreint considérablement la surface consacrée à ses caféiers dont les produits étaient de toute première valeur, à cause des difficultés d'écoulement.

Que l'on songe également que le développement sensible de la consommation du café en France répondrait à un desideratum de nos coloniaux : ouvrir des débouchés beaucoup plus larges à notre production coloniale. Plusieurs de nos colonies se sont lancées dans la culture du café, à laquelle convenaient parfaitement leur climat et leur sol, et le plus souvent, si elles n'ont guère réussi, c'est que les quantités de café demandées par la France étaient trop faibles. La législation douanière coloniale à tendances protectionnistes même contre nos compatriotes des colonies, malgré des atténuations aux rigueurs douanières pour les cafés coloniaux, gêne néanmoins leur

introduction sur notre sol métropolitain. Si l'on se
reportait au *Bulletin de l'office Colonial*[1], on y trouverait une étude développée due à M. Berteau sur
la production du café dans les colonies françaises et
son importance dans la consommation de la Métropole. On y constaterait que l'exportation des cafés
coloniaux sur la France a sans doute progressé
depuis 1900, mais que cette progression est bien lente,
qu'elle ne répond pas aux efforts dépensés dans nos
diverses colonies, aux capitaux immobilisés à bien
des reprises sous la forme de plantations caféières.

Que la consommation du café s'étende en France,
et comme néanmoins les cafés coloniaux jouissent
d'une situation de faveur par rapport aux cafés étrangers, les colonies françaises tireront un précieux
avantage de ce qui sera un avantage général même
pour tous les consommateurs français. Il ne faudra
plus alors parler de surproduction, la surproduction,
comme l'a si bien dit notre maître et ami Yves Guyot,
n'est jamais qu'un résultat de l'infraconsommation,
de l'impuissance où est le consommateur à se procurer autant qu'il le voudrait des matières, des produits dont le prix est trop élevé pour ses ressources
pécuniaires, les valeurs d'échange dont il peut disposer.

Nous n'insisterons pas davantage sur cette ques-

1. Voir les numéros d'avril à juillet 1913.

tion du café, et cependant ne pourrions-nous pas montrer certaines colonies néerlandaises comme Java, susceptibles elles aussi de développer très rapidement la production caféière, et de nous envoyer à bon marché des cafés mettant plus largement le café au lait à la disposition de chaque consommateur français.

Nous avons parlé du thé comme un succédané du café, presque comme son concurrent dans certains pays. Il y a place pour ces deux boissons toniques, sans viser les autres, sur les tables françaises. Il faut du reste, pour que le thé s'introduise largement chez nous, une éducation qui s'est commencée depuis quelque dix ou quinze ans et qui a encore besoin de se poursuivre. Il est une foule de gens, même en dehors des milieux ouvriers proprement dits, qui considèrent volontiers le thé comme une tisane de malade, qui ne se rendent pas compte que lui aussi contient la précieuse caféine, sans parler de la théine ; qu'il constitue une boisson accompagnant excellemment un repas ordinaire, et surtout pouvant composer, avec la tartine beurrée, le biscuit sur lequel nous insistions plus haut, un petit repas du matin ou un goûter dont les avantages sont inappréciables, beaucoup trop peu appréciés chez nous.

C'est au point de vue de la consommation de thé que les statistiques sont vraiment éloquentes (on

pourrait presque dire tristement) pour ce qui est de
la France. Le fait est que, actuellement comme il
y a déjà quelques années, la consommation par
tête d'habitant du thé en France ne dépasse pas
50 grammes : on a bien lu ! Il est vrai qu'en Belgique
le chiffre correspondant n'est pas très supérieur ;
mais il faut songer à la consommation énorme de
café que l'on fait dans ce pays ; et même en Hollande,
le plus gros consommateur du café du monde, la
consommation de thé par tête et par an ressort à
environ 900 grammes, ce qui est étrangement supérieur à la consommation individuelle française. A
côté de cela il faut parler de près de 3 kilos par tête
d'habitant dans le Royaume-Uni de Grande-Bretagne,
qui, il est vrai, est célèbre par l'intensité de sa consommation de thé.

Nous n'avons pas besoin de rappeler l'excellence
de cette boisson, elle a été démontrée à bien des
reprises par les hygiénistes ; tout au plus a-t-elle le
défaut de réclamer une préparation peut-être un peu
plus compliquée que celle du café, quoique cela ne
soit pas bien sûr si on considère le café depuis le
moment où il doit être moulu après avoir été grillé,
jusqu'à celui où il se mélange au lait dans la tasse
du petit déjeuner. Assurément la faiblesse de la consommation du thé en France tient en partie au prix
élevé auquel ce thé se vend encore ; surtout si l'on

compare ce prix à celui auquel il se tient en Grande-Bretagne pour des thés même de qualité. Il résulte tout à la fois du tarif de douane et aussi des faibles quantités de cette denrée sur lesquelles porte le commerce, dont les frais sont de ce chef relevés démesurément. Il est possible, probable et désirable que l'introduction qui a été faite du thé à la caserne, il y a quelques années, l'usage que l'on en impose pour ainsi dire aux soldats sur le front dans la guerre actuelle, contribuent à développer demain notre consommation de thé. Les importations de cette denrée en France pendant la guerre sont arrivées rapidement à être décuples de ce qu'elles étaient auparavant.

Si l'on considère (et avec raison) que cette boisson aromatique chaude, à base d'eau bouillie, contenant de la caféine, cet aliment nervin, peut rendre de précieux services aux soldats appelés à donner des coups de collier fréquents ; on doit logiquement admettre que les avantages seraient les mêmes pour la population civile des travailleurs. Il faut donc tout faire pour développer cette consommation demain, et par conséquent au premier chef pour faciliter l'introduction du thé chez nous.

On n'aura pas de difficultés à se le procurer en quantités même rapidement croissantes. La culture du thé depuis vingt-cinq ou trente ans a pris une ampleur extraordinaire, qui l'avait amenée elle aussi à chercher avec une certaine anxiété des clients, puisqu'en Chine tout particulièrement, dont les thés ont des qualités que l'on ne retrouve point dans le thé de Ceylan ou dans le thé de l'Inde, il s'est produit une crise redoutable de mévente. Ce qui ne correspond pas à une crise de véritable surproduction. Si nous nous reportions à une belle étude du professeur Perrot sur la production mondiale du thé, nous verrions qu'elle est évaluée à environ 4.350.000 tonnes, et encore au minimum, parce que pour certains pays les vérifications sont impossibles. La Chine en donnerait près de 1.100.000 tonnes, l'Inde 123.000, Ceylan 85.000. Dans cet ensemble 348.000 tonnes seulement seraient exportées. Les chiffres qui ont été donnés par le directeur général de l'Office Commercial de l'Inde concordent à peu près. En tout cas on voit par ces rapides indications l'énormité de cette production du thé, et par conséquent aussi la facilité que l'on aurait de la développer en Chine, notamment dans ses exportations, puisque la surface sur laquelle se fait la culture de la plante est réellement énorme.

Aussi bien notre domaine colonial, dans plusieurs de ses parties, est-il susceptible de se livrer de façon intense à la culture du thé, et de fournir sous pavillon français dirons-nous, si l'on nous permet le mot, à un accroissement extrêmement élevé de notre consommation métropolitaine. Nous n'avons pas besoin d'ajouter que c'est le cas tout particulièrement pour une bonne partie de l'Indo-Chine, spécialement l'Annam et le Tonkin.

Il est une autre boisson tonique et alimentaire de premier ordre, tout au moins pour les estomacs en bon état, à laquelle on doit inévitablement songer : nous voulons parler du cacao. A considérer les chiffres de la consommation par tête d'habitant et par an, la France en la matière occupe une assez belle place, si on la compare à un très grand nombre de pays : cette consommation individuelle y est d'environ 680 grammes, alors qu'elle n'est que de 560 aux États-Unis, de 550 en Grande-Bretagne. Elle était dépassée par la consommation allemande atteignant 780 grammes, par la consommation belge dépassant 860 grammes. Mais surtout il faut penser à la consommation des Pays-Bas, si l'on veut savoir ce qu'un pays riche, c'est-à-dire pratiquant beaucoup d'échanges, peut tirer au point de vue alimentaire de la précieuse fève. En effet en Hollande la consommation par tête d'habitant et par an ressort aux environs de 3 kg., 85. Il y a entre cette consommation et la consommation française une disproportion qui stupéfie quelque peu.

Le chiffre est d'autant plus remarquable que les

Hollandais sont, comme nous l'avons vu, les plus gros consommateurs de café. Ils introduisent donc simultanément dans leur alimentation et le cacao et le café, sans qu'ils se plaignent de pléthore : tout au plus peuvent-ils constater chez eux un confortable de l'existence qui doit faire envie à la plupart des consommateurs français.

Nous n'ignorons pas que pour l'instant le cacao est un produit cher, non pas seulement à cause des droits que l'on peut mettre à son introduction dans tel ou tel pays, mais encore parce qu'il n'est pas produit sur une très vaste superficie. La fameuse île de San Thomé, qui n'exporte guère chaque année que quelque 25.000 tonnes de cacao, est parmi un des rares producteurs du monde, grâce à l'humidité de son climat et de son terrain spécial, en pleine zone tropicale. Mais il est beaucoup d'autres pays, notamment dans l'Amérique Centrale ou dans le Nord de l'Amérique du Sud, où l'on peut se livrer à cette même culture. Elle est en train de progresser très notablement, elle pourra sans doute s'étendre facilement sur beaucoup des territoires de l'Afrique tropicale, en particulier dans certaines de nos colonies.

Nous nous retrouvons donc encore ici en présence de cette situation évidemment avantageuse qui gagnera sans doute beaucoup d'adhérents aux idées

que nous soutenons. Le développement de la consommation de la denrée alimentaire que nous
visons peut être assuré non pas seulement par un
pays étranger, mais encore par un territoire où flotte
le pavillon français. Et quant aux avantages qui doivent résulter pour le consommateur français lui-
même d'une importation plus large de cacao à
meilleur marché, nous espérons que le lecteur ne
les met point en doute.

CHAPITRE XV

LA FRANCE ACHETEUSE ET VENDEUSE
LES INTÉRÊTS RÉCIPROQUES

Pour ceux qui n'ont vraiment pas compris les vérités économiques, en pouvant peut-être avoir appris l'économie politique plutôt sous ses formes extérieures, ils considèrent et continueront sans doute de considérer volontiers comme un paradoxe que, en toute matière, et notamment pour les denrées alimentaires, un pays, la France en particulier, puisse être tout à la fois vendeur à l'étranger et acheteur de ces denrées.

C'est pourtant la vérité absolue, la réalité quotidienne, même là où des mesures douanières gênent le libre jeu des relations commerciales, qui sont toujours des relations personnelles. Ceci pourtant à condition que les produits exportés ne soient pas *identiques* aux produits importés, qu'il s'agisse simplement de matières, de denrées, d'objets portant le même nom générique ; mais normalement, de façon presque universelle, ressortant à des catégories, à des qualités différentes, à des variétés d'origine et de nature. C'est ce qui fera par exemple qu'un vendeur de vins de Bordeaux aura tout naturellement intérêt à être acheteur de vins de Jerez, de Porto, du Cap ou d'ailleurs, d'ordinaire pour la vente à titre national plutôt que pour sa consommation personnelle ; mais la différence n'est vraiment pas appréciable quand on va au fond des choses et que l'on envisage la fin de tous ces échanges, c'est-à-dire la consommation. Nous avons en passant, par exemple pour les beurres produits ou consommés au Danemark, donné quelques exemples qui nous semblent être des preuves suffisantes. Rappelons d'un mot que le Danois vendeur de beurre en Angleterre est acheteur de beurre en Sibérie, en Russie ou ailleurs, en vue d'assurer sa consommation, tout en se procurant des valeurs d'échange par la vente de son beurre de qualité sur le marché britannique.

Les courants réciproques qui se formeront ou se sont formés déjà malgré tout, de façon avantageuse pour les deux groupes d'échangistes, présentent même cette particularité que, pour répondre aux circonstances les plus difficiles de la vie des nations, de la vie matérielle entendons-nous, il est essentiel que ces courants soient dûment, solidement établis sur une vaste échelle pendant les périodes de paix. C'est la condition nécessaire pour qu'ils soient sus-

ceptibles de rendre tous les services qu'on en attendra
pendant les périodes de guerre. La guerre de 1914-
1916 précisément (et nous l'avons déjà laissé entendre
à quelques reprises) est venue fournir une preuve
de ce qui paraît être une affirmation un peu à la
légère. Pour la Grande-Bretagne, et en matière de
viandes étrangères notamment, l'alimentation de la
population n'a continué de se faire largement,
abondamment, en dépit des difficultés de toutes
sortes qui se présentaient, que grâce à ce fait que,
depuis vingt-cinq ans au moins, ces transports, par
conséquent ces échanges de matière carnée avec
l'Amérique du Sud, l'Australie, étaient établis sur
d'énormes proportions; tout le matériel existait de
même que toutes les installations au départ ou à
l'arrivée. Il n'y a rien eu à improviser; la consommation pendant la guerre a bénéficié des admirables organismes qui avaient été créés pendant la
paix, grâce aux échanges, au double mouvement
dont nous parlions, la Grande-Bretagne payant à
l'Australie ou à l'Amérique du Sud, par des produits
de toutes sortes de son sol ou de son industrie, les
viandes que ces pays lui envoyaient et ont continué
de lui envoyer, en accentuant même l'importance
du commerce dont il s'agit.

L'observation est d'autant plus intéressante et grave
que beaucoup de gens qui peut-être en principe par-

tageraient les opinions que nous avons essayé de soutenir, de l'avantage qu'il y a pour un pays comme la France à mettre largement à contribution au point de vue alimentaire les ressources de l'extérieur, s'épouvantent de ce qui peut arriver au cas d'une guerre. Ils affirment, et un peu gratuitement (les événements depuis plus de deux années l'ont largement prouvé), que l'état de guerre, les blocus, les batailles navales et le reste vont arrêter complètement les échanges; et que le pays qui comptait sur eux en partie pour satisfaire aux besoins de son alimentation nationale va se trouver très dépourvu, frappé de disette. Ce qui s'est passé pendant la guerre de 1914-1916 prouve qu'il n'en est nullement ainsi.

Les événements infirment complètement cette façon de considérer les choses : la preuve en est d'abord que la Grande-Bretagne, dont l'exemple est si caractéristique à cet égard, a pu augmenter son alimentation carnée même pendant la période de guerre : la disette dont on la menaçait ne s'est point réalisée. On pourrait dire à cela il est vrai que la Grande-Bretagne possédait et possède, non pas seulement une marine marchande énorme, mais une marine de guerre dont la toute-puissance s'est accusée. Mais il faut songer d'abord que la France elle-même, pendant cette période de guerre, a pu, malgré les improvisations qui s'imposaient par suite des fautes antérieurement commises et de la non-existence de courants préalables, s'assurer l'arrivée, notamment pour son armée, d'une masse assez considérable de viandes venant de l'extérieur. On est arrivé à ce paradoxe que ces courants se sont établis dans les conditions les plus difficiles où l'on estimait, où l'on affirmait même que les courants existants seraient détruits. D'autre part on a l'exemple de l'Allemagne, dont le blocus a été si difficile, on peut dire impossible à assurer, et pour laquelle les courants existants se sont maintenus, en se dérivant sans doute, en prenant des voies détournées, mais en continuant de jouer le rôle le plus précieux.

Nous ne pouvons ici qu'indiquer ces quelques points généraux ; mais ce qui est bien caractéristique, c'est que, en admettant que l'état de guerre puisse gêner ces échanges avec l'extérieur, ils sont d'autant moins troublés qu'ils sont établis auparavant plus solidement, sur des bases plus larges. Aussi bien l'état de guerre n'est heureusement qu'un état exceptionnel, temporaire ; et en dehors de ces circonstances très rares encore une fois, les pays faisant aussi largement que possible appel aux matières alimentaires que peuvent leur fournir les autres contrées, en abondance et à bon marché par conséquent, jouissent pendant des dizaines et des dizaines d'années d'avantages inappréciables. Ils contribuent à leur enrichissement en leur permettant d'écouler une masse de leurs produits sur les marchés étrangers où ils achètent; ils contribuent également à les doter d'une population vigoureuse et saine, bien nourrie ou tout au moins beaucoup mieux nourrie, bénéficiant d'un état sanitaire et hygiénique de premier ordre.

En cette matière de l'alimentation, c'est-à-dire de l'alimentation large et à bon marché, la France a commis de lourdes fautes, surtout depuis cinquante ou soixante années, en n'imitant pas notamment l'exemple de cette Grande-Bretagne où le phénomène exactement inverse s'est produit, quoique, on ne saurait trop le redire, la population n'y jouisse pas de pléthore, mais de confort. Nous nous sommes refusés pendant des années à tirer parti de cette industrie de la frigorification largement entendue, qui a permis la conservation, l'arrivée en bon état et à bas prix sur le marché anglais des viandes comme des produits de laiterie, de la volaille comme des œufs ou du beurre. Pendant ce temps notre ignorance ou notre négligence nous ont fait perdre des marchés extérieurs de vente pour les produits de choix que nous aurions pu expédier en quantités grandissantes sur ces mêmes marchés extérieurs ou sur d'autres, en tirant parti des facilités nouvelles de conservation et de transport.

Nous ne voulons pas conclure longuement, car il semble que ces conclusions se tirent naturellement

des divers chapitres où nous n'avons pu que rapidement examiner les différentes faces du problème, en
négligeant une foule de côtés secondaires. Cette
conclusion pourrait être tirée d'une brochure que
nous avons citée plusieurs fois, celle de M. Henri
Sellier sur le problème de la viande : à la fois parce
que nous y trouvons une phrase très caractéristique,
et aussi, il ne faut point l'oublier, parce que cette
brochure ne peut être accusée de subir les influences
que l'on appelle théoriques des professeurs d'économie
politique. L'auteur disait : « Il semble indispensable
de recourir aux disponibilités quasi illimitées de la
production exotique ». Ce qu'il affirmait plus particulièrement au point de vue de la viande, on peut le
dire à tous les points de vue : non pas qu'il s'agisse
de supprimer la production agricole de la France
dans toutes les matières où nous ferions appel à la
production extérieure : qu'on se rappelle ce qui s'est
passé en Grande-Bretagne pour les beurres ou le
bétail. Il s'agit tout uniment de demander à l'extérieur ce qu'il peut nous fournir en abondance et à bon
marché, et ce qui manque véritablement à notre
population, et de vendre à l'étranger, et aussi bien à
l'étranger proprement dit qu'à nos colonies, une
foule de produits même agricoles pour lesquels nous
garderons la maîtrise, parce que nous savons les
fabriquer de façon exceptionnelle.

Certaines gens à la vérité admettent cette solution, cette large mise à contribution de l'étranger, non pas seulement pour la période de guerre où elle s'impose de façon inévitable, mais encore pour une période qui durerait, d'après eux, un « certain temps après la guerre ». Nous ne voyons pas bien comment les avantages que nous recueillerions pendant un an, deux ans ou davantage après la guerre, se transformeraient en inconvénients parce que nous serions plus éloignés de cette terrible période. Et quant à distinguer ce que l'alimentation de la France en temps de paix réclame et ce qu'elle demande pour le temps de guerre, à admettre fort péniblement que nos compatriotes doivent être nourris très largement quand cela est aux frais du budget et qu'on doive au contraire les en empêcher, limiter les ressources auxquelles ils peuvent faire appel, ressources à bon marché bien entendu, quand la guerre ne sévit plus : c'est une conception tout au moins étrange, que nous serions presque tenté de qualifier de monstrueuse.

Il est curieux de remarquer que cette conception a été appliquée par l'Etat depuis déjà bien des années où le protectionnisme est devenu une véritable doctrine d'Etat effectivement. Il ne suffit pas de songer que c'est au Parlement faisant triompher les doctrines égoïstes, particularistes, d'intérêts spéciaux, individuels, au reste très mal compris, que l'on doit le régime qui arrêtait ou essayait d'arrêter aux frontières les matières alimentaires que nous aurions pu faire venir de l'étranger ou même de nos colonies. Il faut se rappeler que l'Administration des douanes, renforçant autant qu'elle le pouvait, avec son esprit étroit et formaliste, les décisions prises par le Parlement même sous la forme d'un tarif douanier protecteur, par des mesures dites hygiéniques mais pleines de subtilités, empêchait les courants de s'établir en matière notamment de viandes réfrigérées : cela grâce à la fameuse disposition trop peu connue du profane relative aux viscères, à la fressure adhérant aux animaux qu'on essayait d'introduire sur notre sol et de fournir au consommateur français, maintenu en état de disette relative. C'est d'ailleurs ce même Etat, nous voulons dire que ce sont les fonctionnaires qui ont fait ensuite du zèle, telle la mouche du coche, quand des nécessités absolues se sont imposées; et ils ont essayé de faire croire (ils l'essayent encore à l'heure actuelle dans les rapports les plus officiels) que ce sont eux, que c'est l'administration, que c'est l'Etat éclairant les particuliers, qui a découvert cette source de matières alimentaires que sont les pays largement protecteurs de viandes, désireux de nous l'expédier à bon compte. C'est encore le fonctionnaire, c'est l'Etat sous une de ses manifestations, qui a prétendu accomplir une révolution profonde en mettant, au bout de bien des années, en circulation sur son réseau spécial de chemins de fer 33 wagons frigorifiques dont parlait M. Bougault dans une étude sur l'état actuel des transports frigorifiques en France[1], alors que depuis tant d'années, aux Etats-Unis, au Canada et ailleurs, en Angleterre, comme prolongement des lignes de navigation à cales réfrigérées, les wagons frigorifiques abondaient, qui avaient été construits, mis en service uniquement par l'initiative privée, échappant à la routine fonctionnariste ou protectionniste.

Nous n'en sommes pas à l'époque peut-être bien heureuse mais encore très lointaine, non seulement de la fameuse surproduction, mais encore du moment où nous nous nourririons avec des tablettes ou des pilules fabriquées dans des usines, à l'aide de matières chimiques empruntées directement à la terre ou à l'air atmosphérique. Théoriquement ce n'est peut-être pas impossible, puisque l'azote de l'air, azote qui est à la base de tant de nos matières alimentaires indispensables, est déjà recueilli et utilisé pour nous fournir des engrais qu'auparavant nous étions obligés de demander aux animaux sous la forme de fumier, ou de récolter dans des gisements très spéciaux comme les nitrates de soude de l'Amérique du Sud. Ainsi que le disait M. Woeikof, longtemps encore la

1. Voir le numéro de février 1913 de la revue *Le Froid*.

viande, le poisson, les crustacés, les mollusques, les
matières végétales demeureront à la base de notre
alimentation, la constitueront on peut dire essentiellement. M. Armand Gautier, que nous avons cité
si souvent ici, et que l'on ne peut trop invoquer
pour sa science en même temps que pour son autorité, n'aperçoit pas lui non plus cette époque lointaine et peut-être idéale à certains égards, où l'homme
se nourrirait de quelques boulettes de matière nutri-
tive hyperazotée.

Il nous faut donc l'agriculture sous ses différentes
formes, l'agriculture et le progrès technique appliqués
à l'élevage tout aussi bien qu'aux cultures les plus
variées. Comme le disait Yves Guyot concluant il y
a bien des années devant la Société de Statistique de
Paris à peu près comme nous aujourd'hui, nous
avons et nous aurons, pendant encore des siècles sans
doute, besoin d'avoir recours à une culture intensive,
perfectionnée, adaptée aux conditions de milieu, mais
arrivant de la sorte à produire de façon de plus en
plus abondante à un prix de plus en plus réduit, à
pouvoir par conséquent fournir à l'être humain,
moyennant un effort qui ira constamment en se
réduisant, les matières alimentaires variées dont
nous avons vu la nécessité s'imposer dans sa nutrition.

Le tout est qu'aucun obstacle artificiel ne vienne

se substituer aux obstacles et aux difficultés que la nature avait mis sur notre route, opposé à notre poursuite de cette alimentation facile et abondante. La nature au surplus nous fournissait en même temps la « nature même de l'homme, son esprit d'invention et d'entreprise, » et par conséquent le germe de toutes les découvertes, de tous les perfectionnements qui peuvent demain améliorer notre vie matérielle, puisqu'il s'agit seulement ici du domaine matériel, et nous mettre mieux à l'abri de l' « hostilité du milieu extérieur ».

TABLE ALPHABÉTIQUE

ET ANALYTIQUE DES MATIÈRES ET NOMS CITÉS

TABLE DES MATIÈRES

ÉVREUX, IMPRIMERIE CH. HÉRISSEY

9 780259 230984